GOLF
POUR JEUNE

NICK WRIGHT

GOLF POUR JEUNE

PRÉFACE DE COLIN MONTGOMERIE

Broquet

97-B, Montée des Bouleaux, Saint-Constant, Qc, Canada J5A 1A9,
Tél. : (450) 638-3338 Fax : (450) 638-4338
Internet : http://www.broquet.qc.ca
Courriel : info@broquet.qc.ca

Catalogage avant publication de Bibliothèque et Archives Canada

Wright, Nick, 1967-

    Golf pour jeune

    Traduction de : Junior golf.

    ISBN 2-89000-675-1

    1. Golf junior. 2. Golf junior - Étude et enseignement. I. Titre.

GV966.3.W7514 2005   796.352'083   C2004-941952-8

REMERCIEMENTS

Un ouvrage comme celui-ci exige une somme importante de travail, ainsi que la coopération et l'aide de plusieurs collaborateurs. Nous remercions tout particulièrement le club de golf London Club, de la ville de Kent, en Angleterre, qui nous a permis d'avoir accès à ses deux parcours de golf afin d'y prendre des photos, nous a accueillis chaleureusement durant nos trois jours au club, et nous a approvisionnés en café et en sandwichs au bacon.

    Nos remerciements s'adresse aussi à la boutique Golf Callaway pour nous avoir prêté l'équipement de golf pour les photos en studio. Puis Monsieur Stuart Dowsett, un professionnel du golf au Ilford Golf Club, ainsi que Monsieur Gavin Ryan, directeur au London Club, pour leurs conseils et leur collaboration lors de la prise des photos, et leurs conseils pendant la rédaction de ce manuel.

    Il ne faut surtout pas oublier tous ces jeunes golfeurs qui ont donné de leur temps durant les parties de golf des samedis et dimanches matin pour poser ; leur enthousiasme, leur dévouement et leur comportement impeccable ont été grandement appréciés. Un grand merci à tous ces jeunes adeptes du golf. Si tous se comportent ainsi, alors l'avenir du golf est entre de très bonnes mains.

NOTE DE L'ÉDITEUR

Dans cet ouvrage, le pronom masculin à la troisième personne du singulier est utilisé dans la majorité des exemples faisant référence aux joueurs.

Ce choix a été effectué pour des raisons de simplification et d'uniformisation textuelle et ne reflète en rien les préjugés qui laisseraient croire que la pratique du golf est réservée exclusivement aux hommes.

Les instructions s'adressent aux joueurs droitiers. Les joueurs gauchers n'ont qu'à inverser les exercices (substituer « droit » pour « gauche » et vice-versa) des techniques enseignées.

POUR L'AIDE À LA RÉALISATION DE SON PROGRAMME ÉDITORIAL, L'ÉDITEUR REMERCIE :
Le Gouvernement du Canada par l'entremise du Programme d'Aide au Développement de l'Industrie de l'Édition (PADIÉ) ; La Société de Développement des Entreprises Culturelles (SODEC) ; L'Association pour l'Exportation du Livre Canadien (AELC).
Le Gouvernement du Québec - Programme de crédit d'impôt pour l'édition de livres - Gestion SODEC.

Directeur : **Julian Brown**
Chef de pupitre senior : **Trevor Davies**
Directeur de la création : **Keith Martin**
Éditeur artistique : **Geoff Fennell**
Design : **Martin Topping**
Illustration : **David Beswick**
Iconographie : **Liz Fowler**
Production : **Sarah Scanlon**

Édition originale parue sous le titre « Junior Golf » en 2000
par Hamlyn, filiale de Octopus Publishing Group Limited
2-4 Heron Quays, Londres E14 4JP

© 2000, Octopus Publishing Group Ltd

Pour l'édition en langue française :
Traduction et adaptation : **Norman Rickert**
Révision : **Denis Poulet**

Copyright © Ottawa 2005
Broquet Inc.
Dépôt légal – Bibliothèque nationale du Québec
2e trimestre 2005

ISBN 2-89000-675-1

Imprimé en Malaisie

PRÉFACE

En jetant un coup d'œil rétrospectif à mes 13 ans de carrière en tant que golfeur professionnel, je dois me rendre à l'évidence que la pratique de ce sport a été très bénéfique pour moi-même et ma famille. J'ai eu la chance de visiter les quatre coins du monde, de jouer sur des parcours qui comptent parmi les plus difficiles et les plus stimulants, de rencontrer un tas de gens extraordinaires, ainsi que de me faire de nombreux amis. Si je m'attarde à mes performances, j'ose croire que j'ai eu un certain succès. Je suis très fier d'avoir remporté le PGA European Tour Order of Merit durant les sept dernières années et d'avoir représenté non seulement mon pays à la coupe Alfred Dunhill et à la Coupe mondiale de golf, mais également l'Europe à la Coupe Ryder, où j'affrontais des golfeurs américains. Ceux qui ont suivi ma carrière de près savent que j'étais dans le feu de l'action lors de ces championnats majeurs ; bien que les choses ne se soient pas toujours passées comme je le voulais, surtout lorsque les enjeux étaient importants, je peux honnêtement affirmer que j'ai apprécié chaque instant du jeu, enfin presque…

Je crois sincèrement que les meilleures années de ma carrière restent à venir, mais si j'avais à quitter le sport demain, il me resterait tout ce bagage d'expériences et de souvenirs mémorables. Je ne peux m'empêcher de sourire lorsque je me souviens de mon enfance, alors que j'étais un petit garçon insouciant. Les gens disent souvent que le temps passé sur les bancs d'école est la meilleure période de la vie et je dois admettre que je partage entièrement ce point de vue. C'est seulement lorsque vous devenez adulte et que vous avez des responsabilités envers le travail et la famille, ainsi qu'une hypothèque à rembourser, que vous appréciez vraiment le sentiment de liberté que vous aviez durant l'enfance. Si j'ai un conseil à donner aux jeunes golfeurs maintenant, c'est de ne pas prendre le sport trop au sérieux et d'apprécier chaque instant que vous passez sur un parcours de golf.

La plupart des golfeurs professionnels jouent pour le simple plaisir de jouer, le goût de la compétition, le désir de s'améliorer continuellement et de mesurer leurs aptitudes auprès d'autres golfeurs. Par contre, toutes les victoires que j'ai remportées, tels la Coupe Ryder et d'autres championnats de ce niveau, n'arriveront jamais à égaler les souvenirs de golf merveilleux de mon enfance avec mon père et mon frère dans mon Écosse natale. J'ai encore des souvenirs mémorables de toutes ces fois où mon père m'accompagnait dans les tournois locaux, alors que j'étais un jeune amateur très prometteur, et qu'il me prodiguait des conseils sur la manière de jouer.

Comme tous ces jeunes mordus du golf, je ne vivais que pour la gloire du sport et passais toute la journée sur le parcours lors des congés estivaux. J'avais la chance de vivre à côté du prestigieux Club de golf Royal Troon, situé sur la côte ouest de l'Écosse, dont mon père fut le secrétaire jusqu'à tout récemment. Les matinées et les fins de soirée me laissaient assez de temps pour pratiquer le sport, mais ce n'était jamais assez pour un accro du golf comme moi.

De nos jours, les jeunes n'ont jamais eu autant de bonnes occasions de pratiquer le golf. Les méthodes d'enseignement sont en constante évolution et il y a maintenant plusieurs mini-tournois à l'intention des jeunes qui souhaitent acquérir davantage d'expérience en vraie compétition. Je n'arriverai jamais à souligner suffisamment aux jeunes que des bons résultats scolaires sont aussi importants que la pratique du golf. Mes parents m'ont toujours rappelé l'importance d'obtenir les meilleurs résultats scolaires possible et c'est un aspect qui me tient également à cœur. Il peut être difficile de gagner sa vie comme professionnel du golf, car le taux d'échec est particulièrement élevé. J'ai vu trop de bons joueurs sacrifier leur études pour le golf et finir par gagner leur vie en ramassant des balles sur un green, car on leur refusait l'accès aux tournois. C'est la raison pour laquelle il est important d'obtenir un diplôme, qui permet de poursuivre une carrière fructueuse dans un autre domaine que le golf.

En dépit de ces réserves, je n'hésite pas à encourager les jeunes à pratiquer le golf. La pratique de ce sport quelques heures par semaine est bénéfique et permet de nouer des amitiés qui dureront toute une vie.

En guise de conclusion, je dois admettre que rien au monde n'égale la joie que j'éprouve quand j'aperçois un groupe de jeunes qui apprécient une bonne partie de golf, qui rient, s'amusent et ont du plaisir. C'est l'attitude qu'on doit adopter dans la vie, n'est-ce pas ?

Colin Montgomerie

INTRODUCTION
À L'INTENTION DES PARENTS ET DES JEUNES GOLFEURS

Je ne sais pas exactement ce que c'est que d'avoir 14 ans, mais c'est une période de la vie à laquelle un nombre appréciable de joueurs de calibre international avouent avoir commencé à manifester un intérêt pour le golf. Nick Faldo, considéré comme le plus grand joueur de golf de Grande-Bretagne, était un jeune adolescent de 14 ans en 1971 quand il regarda une partie de golf un dimanche soir avec son père ; il y vit Jack Nicklaus, le plus grand golfeur de son époque, remporter la coupe Masters à Augusta. Quinze ans plus tard, c'était au tour de Lee Westwood, le nouveau jeune premier à l'heure actuelle, à manifester un intérêt pour ce sport, lui aussi à l'âge de 14 ans et en voyant Jack Nicklaus remporter la coupe Masters, cette fois en 1988.

Pareillement, je peux affirmer que mes premiers souvenirs de golf remontent à une époque où je regardais un Américain aux cheveux blonds, un dénommé Bill Rogers, remporter le British Open, malgré le parcours plutôt exigeant du club de golf Royal St. George. On était en 1981 et j'avais, vous l'avez deviné, 14 ans.

Malheureusement, c'est ici que les similarités se terminent. Contrairement à Lee Westwood et à Nick Faldo, qui ont puisé leur inspiration pour devenir des grands joueurs en contemplant les azalées en floraison, les fairways (allées gazonnées) magnifiques et la vitesse vertigineuse des greens du parcours de l'Augusta National, je dois admettre qu'à cette époque, je trouvais le golf plutôt terne. Je n'étais pas le genre qui harcelait son père à le conduire jusqu'au parcours de golf le plus proche. Je me souviens plutôt de lui avoir dit de changer de chaîne, car il y avait des chaînes autrement plus intéressantes.

Toutefois, peu de temps après, j'ai eu la piqûre du golf. Mon père m'accompagnait souvent au parcours public pour une partie de neuf trous les dimanches soirs. Je me rappelle avoir souvent loupé la balle lors de ces parties et j'étais en totale admiration devant l'adresse de mon père, puisqu'il réussissait tant bien que mal à frapper la balle. Comment il arrivait à obtenir une trajectoire si précise et basse en frappant la balle avec chaque club dans son sac m'impressionnait beaucoup. Ce n'est que quelques années plus tard que j'ai su qu'il ne faisait que toper la balle (plus souvent qu'autrement une erreur de débutant) !

Totalement ignorant de la nécessité de prendre des leçons d'initiation de golf, j'en ai appris les rudiments en regardant mon père jouer, et ceux qui l'ont vu frapper la balle admettront qu'apprendre de cette façon n'est pas la meilleure manière de devenir un golfeur professionnel. En rétrospective, je me rends compte que c'est à ce moment-là que tout a commencé à aller mal. À cette époque, plutôt que de me familiariser avec les bases du golf (le grip, l'adresse et l'alignement), je préférais avant tout jouer avec mes copains sur un parcours. En jouant à chaque journée libre que j'avais (les week-ends et les congés scolaires), je suis parvenu à obtenir un handicap de 10 à l'âge de 16 ans, puis je suis arrivé dans un cul-de-sac. J'essayais tant bien que mal de m'améliorer, mais plus rien ne fonctionnait, je stagnais.

J'ai décidé, en dernier recours, de solliciter l'aide d'un golfeur professionnel local pour des leçons d'initiation. Croyant que mon swing était extraordinaire, quelle ne fut pas ma surprise de découvrir, en regardant une vidéo qui me mettait en scène, que mon grip était mauvais, ma posture médiocre et mon alignement horrible. Mon professeur était surpris que je puisse obtenir un score de 100, voire descendre de temps en temps au-dessous de 80 ! Ledit golfeur, un dénommé Stuart Dowsett, qui apparaît dans ce livre en qualité d'instructeur auprès des jeunes golfeurs, insista sur la nécessité de modifier ma posture à l'adresse si je voulais devenir un golfeur potable. Si seulement j'avais pris ses conseils au sérieux ! Malgré plusieurs années d'efforts soutenus pour améliorer mes performances, mes mauvaises habitudes de jeunesse reviennent encore me hanter.

Morale de l'histoire : en tant que parent d'un jeune adepte du golf, vous aurez une énorme influence sur sa progression en tant que joueur. Votre fils ou votre fille vont instinctivement tenter d'imiter votre style de jeu, et à moins que vous ne soyez un très bon joueur, il est préférable de laisser votre enfant entre les mains de professionnels du golf. Par contre, puisque vos enfants vont passer la majeure partie de leur temps en votre compagnie, il serait utile que vous vous familiarisiez avec les bases du jeu pour leur venir en aide, si besoin est.

En tant que rédacteur chargé de l'instruction au magazine Golf Monthly, j'ai eu la chance d'avoir scruté les méthodes de quelques-uns des meilleurs golfeurs et entraîneurs du monde entier. Une chose que j'ai apprise est l'importance qu'ils accordent aux bases du golf. Les joueurs de calibre international exercent quotidiennement leur grip, leur stance, leur alignement et leur posture à l'adresse, car ils savent que s'ils effectuent un mauvais swing sur un parcours de golf, il y a de bonnes chances que ce soit en raison d'une lacune dans la technique de base.

Si vous ne deviez retenir qu'une chose de ce manuel, que ce soit celle-ci : l'importance d'encourager votre enfant à maîtriser les bases fondamentales du golf. De ce fait, il sera mieux préparé à assimiler les techniques plus avancées, vous et lui vivrez beaucoup moins de frustration et n'aurez pas à débourser de l'argent pour des leçons d'appoint coûteuses.

Ce manuel d'instruction a été conçu dans le but d'aider les parents à enseigner le golf aux jeunes, de concert avec un instructeur qualifié, membre de la PGA (Association professionnelle de golf). Vous n'y trouverez pas des analyses en profondeur des techniques du golf (il est préférable de laisser cet aspect entre les mains de professionnels), mais plutôt une introduction en douce portant sur tous les aspects clés du jeu. Ce manuel pourra ainsi servir d'outil de référence lorsque vous aurez besoin de conseils pour favoriser le développement des aptitudes de votre apprenti golfeur.

Heureusement, initier un jeune golfeur aux rudiments du jeu n'a jamais été aussi facile, car le golf junior connaît présentement un succès inespéré. Des golfeurs tels Tiger Woods et Sergio Garcia chez les hommes et des golfeuses de la trempe de Se Ri Pak ou des jumelles thaïlandaises Wongluekiet chez les femmes ont prouvé au monde entier qu'on n'a pas à attendre la trentaine ou la quarantaine pour jouer un golf de qualité optimale. Les associations de golf de tous les pays du monde reconnaissent la nécessité d'encourager le potentiel des jeunes golfeurs. Au Royaume-Uni, la Golf Foundation consacre temps et énergie à intéresser davantage des jeunes sportifs talentueux au golf. Pendant ce temps, les méthodes d'entraînement évoluent constamment ; de plus, les entreprises spécialisées dans l'équipement de golf et les médias commencent à s'intéresser aux jeunes golfeurs, car ceux-ci sont les consommateurs nantis de demain.

Alors, n'attendez plus... Appréciez ce sport unique en son genre, prenez plaisir à lire ce manuel et amusez-vous sur les parcours de golf.

Nick Wright

UN SURVOL DU GOLF

Les jeunes golfeurs manifestent beaucoup d'enthousiasme et, dans la plupart des cas, se montrent impatients de retourner sur le parcours de golf avec leurs parents et amis pour exercer leur swing. Ils sont aussi curieux de savoir pourquoi ceux qui commencent tôt à s'initier à ce sport deviennent si accros du golf. Ces apprentis golfeurs ont besoin d'informations préparatoires sur ce sport avant d'enlever leurs chaussures pour enfiler une paire de chaussures de golf. Ils apprendront comment remplir une carte de pointage, quel est l'équipement utilisé, les principales formes de compétition, l'étiquette et les règles de base.

Vous trouverez dans ce chapitre toute l'information dont votre jeune aura besoin pour apprendre les rudiments d'un des sports les plus exigeants au monde. Ce manuel contient aussi une foule d'informations complémentaires sur l'histoire et les traditions du golf, ainsi que sur les compétitions majeures et les meilleurs joueurs.

QU'EST-CE QUE LE GOLF?

Quoique l'on puisse jouer au golf en solo, ce sport est pratiqué, règle générale, par groupes de deux, trois ou quatre personnes sur un terrain relativement étendu, qu'on appelle parcours de golf. La plupart des parcours ont 18 trous, de longueur et difficultés variables, bien que certains plus petits n'aient que neuf trous. Le but du jeu est de frapper la balle au moyen d'un des divers clubs disponibles, du départ du premier trou (où on place la balle sur un tee) jusqu'au trou qui se trouve sur le green, en exécutant le moins de coups possible.

Pour chaque trou, l'architecte du parcours a créé divers obstacles – bunkers, lacs, roughs et fossés – qui permettent d'éprouver le savoir-faire du golfeur. Celui-ci doit éviter de frapper la balle vers ces pièges, car le coup ultérieur sera plus difficile et le golfeur pourrait même recevoir une pénalité de coups. Par conséquent, le golf est un sport qui exige diverses qualités : patience, pensée stratégique, esprit analytique bien aiguisé, bonne coordination motrice et aptitudes athlétiques.

Contrairement à la majorité des sports, qui se déroulent toujours sur la même surface de jeu, chaque parcours est différent, ce qui constitue un des attraits majeurs du golf. On pratique ce sport sur toutes sortes de terrains, particulièrement des parcs, des champs, des boisés et des littoraux.

OÙ JOUER

L'apprenti golfeur a deux options : il peut soit jouer sur un parcours public, soit devenir membre d'un club privé. N'importe qui peut jouer sans problème sur la plupart des parcours publics ; certains parcours plus récents exigent toutefois des réservations. Jouer sur un parcours public a ses avantages : il n'est pas nécessaire d'avoir un handicap et, ce qui est plus intéressant, on n'a pas à verser une cotisation annuelle de membre, car on paie seulement quand on joue.

Pour devenir membre d'un club privé, on doit faire une demande par écrit au secrétaire ou au comité d'admission du club. Un nombre croissant de clubs privés prennent l'initiative de recruter activement des jeunes golfeurs, mais les demandes d'admission de ces derniers ont plus de chances d'être acceptées si un ou les deux parents en sont déjà membres.

Faire partie d'un club privé permet d'obtenir un certificat attestant le handicap (ce qui détermine le niveau de savoir-faire du joueur). L'obtention du certificat de handicap permet au joueur de participer à des compétitions, de s'entraîner et de concourir avec des golfeurs dont l'âge et le niveau varient.

Ceux qui désirent pratiquer le golf de manière intensive durant les week-ends et les congés scolaires ont intérêt à joindre un club semi-privé ou privé, car c'est, règle générale, la solution la plus économique. Les clubs privés exigent une cotisation annuelle qui permet au golfeur de jouer autant de fois qu'il le désire (dans une limite raisonnable). Les clubs semi-privés, qui allient à une formule d'abonnement une formule de tarif quotidien, offrent la meilleure des deux options.

En conclusion, il est vivement conseillé aux jeunes golfeurs de joindre uniquement des clubs privés qui encouragent activement le golf de niveau junior. Il existe malheureusement encore de ces clubs qui font preuve d'intolérance envers les jeunes golfeurs et ne leur concèdent qu'un accès limité au parcours. En revanche, la popularité croissante du golf auprès des jeunes fait en sorte que ces clubs privés élitistes se font de plus en plus rares, mais comme il y en a encore, il faut garder l'œil ouvert.

Ci-dessus : Le parcours plutôt exigeant du Royal St. George, en région côtière, accueille régulièrement le British Open.

À gauche : Noblethorpe Hall est un excellent exemple de parcours situé dans un parc.

LE HANDICAP

Le système d'attribution du handicap, en vigueur dans tous les clubs de golf du Royaume-Uni, est géré par l'Union britannique de golf (EGU). Il permet à des joueurs de niveaux variables d'entrer en compétition avec d'autres de manière équitable. Le handicap indique le niveau de savoir-faire du golfeur. On le calcule en obtenant le score moyen après trois parties. Il est ensuite corrigé après chaque partie disputée.

Un golfeur dont le handicap est de 18 finira la partie de golf en 90 coups sur un parcours dont le par est de 72, alors que celui qui a un handicap de 10 la finira en 82 coups. Les deux joueurs peuvent donc déduire leur handicap de leur score final.

Un des avantages importants d'un handicap certifié par un club privé est qu'il permet aux joueurs de pratiquer le sport dans d'autres clubs. Le handicap indique qu'ils sont réputés avoir une bonne connaissance des règles du jeu et des règles d'étiquette. Ils seront donc, règle générale, les bienvenus dans la plupart des clubs de golf.

LE PAR (NORMALE)

Le par ou normale est le nombre normal de coups effectué par un joueur de calibre professionnel pour compléter un trou. Sur un parcours de golf, il y a trois catégories de trous : les pars 3, les pars 4 et les pars 5. Sur un trou de par 3, on s'attend à ce que les joueurs atteignent le green en un coup, puis jouent deux coups avec le putter. Sur un par 4, on s'attend à ce qu'ils débutent par un coup de départ, suivi par un coup d'approche vers le green, puis de deux coups avec le putter. Sur un par 5, les joueurs ont le privilège de pouvoir frapper trois coups pour atteindre le green, puis de putter deux coups. On qualifie ces trajets « prévus » vers le trou de « pars standards », mais peu importe la manière dont on effectue le par, de façon standard ou autrement, l'important n'est pas « comment », mais plutôt en « combien de coups ».

MÉTHODES DE POINTAGE DIVERSES

LE STROKE-PLAY

Cette méthode de pointage, qui s'applique à une forme de compétition qu'on appelle « stroke-play » ou « partie par coups » repose sur le score individuel : tous les coups frappés comptent. Le score du joueur à la fin du parcours est calculé ainsi : le nombre de coups frappés (score brut) moins le handicap donne le score net.

LE STABLEFORD

Cette méthode, qu'on appelle en français « partie par points » permet au joueur d'obtenir des points pour les bogeys (bogueys), les pars (normales), les birdies (oiselets), les eagles (aigles) et les albatros. L'avantage est qu'on attribue des points pour chaque trou effectué, ce qui permet au joueur qui a mal joué au début de se rattraper par la suite. Les parties sont donc plus compétitives et le restent jusqu'à la fin. Un joueur qui possède un handicap de 0 (souvent appelé « joueur scratch ») obtiendra des points de la manière suivante :

Bogey = 1 point
Par = 2 points
Birdie = 3 points
Eagle = 4 points
Albatros = 5 points

La situation se complique pour les joueurs dont le handicap est de 1 ou plus. Dans ce cas-là, le handicap du joueur signifie qu'il a droit à des coups supplémentaires à chaque trou. Un joueur possédant un handicap de 12 pourra frapper un coup de plus sur les 12 trous les plus difficiles (établi par l'index des coups du parcours). Par conséquent, un score de sept coups effectué sur un trou difficile de par 5 résultera en un score de 1 point (bogey net).

LE MATCH-PLAY

Le match-play ou partie par trous est la forme la plus traditionnelle du golf. Plutôt que d'amasser des points pour chaque trou ou compter le nombre de coups frappés durant une partie, on joue pour le trou. Celui qui frappe le moins de coups gagne le trou. Le vainqueur est celui qui gagne la majorité des trous durant la partie.

DATE _____

COMPÉTITION _____

JOUEUR A _____   HANDICAP _____   COUPS _____

JOUEUR B _____   HANDICAP _____   COUPS _____

Trou	Champ.	Hommes	Femmes	Par	Index des coups	Score Brut A	Score Brut B	Score Net A	Score Net B
1	390	345	320	4	11				
2	500	470	415	5	3				
3	387	350	285	4	7				
4	171	135	110	3	17				
5	505	480	435	5	1				
6	350	315	290	4	13				
7	182	160	142	3	15				
8	385	350	320	4	5				
9	355	320	290	4	9				
OUT	3225	2925	2607	36					

❶ ❷ ❸ ❹ ❺ ❻

Trou	Champ.	Hommes	Femmes	Par	Index des coups	Score Brut A	Score Brut B	Score Net A	Score Net B
10	410	375	340	4	2				
11	190	160	112	3	18				
12	460	425	380	5	8				
13	325	285	255	4	12				
14	383	350	300	4	10				
15	200	160	125	3	14				
16	372	330	270	4	16				
17	510	490	465	5	4				
18	413	370	338	4	6				
IN	3263	2945	2585	36					
OUT	3225	2925	2607	36					
TOTAL	6488	5870	5192	72					
HANDICAP									
SCORE NET									

Signature du joueur _____ ←❼

❶ **Longueur** – Cette colonne indique la longueur du trou en yards (verges).

❷ **Les tees** – La plupart des clubs de golf offrent une gamme variée de tees pour frapper les coups de départ : les tees rouges sont destinés aux golfeuses, les jaunes indiquent que la partie jouée n'est pas compétitive et les blancs sont réservés aux parties de compétition.

❸ **L'index des coups** – Cette colonne indique le degré de difficulté du trou. L'indice 1 indique le trou le plus difficile, alors que 18 représente le plus facile.

❹ **Score brut** – Inscrivez votre score brut dans cette colonne.

❺ **Score brut du partenaire** – Inscrivez le score brut de votre partenaire de jeu dans cette colonne.

❻ **Score net** – Le score net est le score brut moins le handicap.

❼ **Signature** – Un joueur devrait toujours vérifier soigneusement son score avant d'apposer sa signature. Bien que quelqu'un d'autre soit chargé d'inscrire vos scores durant une compétition, c'est votre responsabilité de vous assurer que l'information inscrite sur la carte de pointage est exacte. Quand la carte est signée, il est trop tard pour corriger le score.

REMPLIR UNE CARTE DE POINTAGE

Quand les joueurs s'inscrivent pour payer leur droit de jeu, on leur remet une carte de pointage. Cette carte donne des renseignements sur chaque trou et offre suffisamment d'espace pour inscrire les scores de deux joueurs. En compétition, les joueurs ne sont pas autorisés à remplir eux-mêmes leur carte de pointage. Chaque joueur doit échanger sa carte avec celle d'un autre de son groupe avant de commencer à jouer.

L'HISTOIRE DU GOLF

Bien que les Hollandais et les Écossais prétendent avoir inventé le golf en Europe, les origines exactes de ce sport sont plutôt obscures, en dépit de nombreuses recherches historiques. Le célèbre club de golf St. Andrews, dans la ville de Fife, en Écosse, est reconnu dans le monde comme le « berceau du golf », mais on sait que des variantes du jeu (utilisant un club, une balle et un trou) ont été pratiquées dans le monde entier depuis plus de 700 ans.

Il n'y a rien de surprenant à cela, car le golf est un jeu très simple. Les tiges des clubs étaient fabriquées en hickory et on leur rattachait des têtes en métal. Les balles de golf étaient fabriquées avec des peaux de bêtes cousues en forme de balle et rembourrées de plumes d'oiseaux ou de morceaux de tissus. On est loin des balles modernes aérodynamiques et conçues par ordinateur, et des clubs en graphite du 21e siècle. Mais si vous trouvez un des ces clubs antiques dans votre garage ou votre grenier, ne le jetez pas. Collectionner des reliques du golf est un hobby extrêmement populaire ; lors des encans, un club authentique dont la tige est faite en bois de hickory peut se vendre des centaines de milliers de dollars.

Au milieu du 19e siècle, lorsque le golf professionnel fit son apparition, la plupart des meilleurs joueurs fabriquaient leurs propres clubs. En 1860, le tout premier Open Championship à Prestwick a été remporté par Willie Park Sr., qui utilisait des clubs qu'il avait fabriqués lui-même dans son atelier. Il serait difficile d'imaginer un Tiger Woods ou un David Duval agir de la sorte aujourd'hui.

Aux débuts du golf professionnel, des joueurs émérites tels Alex Herd, James Braid, J.W. Taylor et Harry Vardon fabriquaient leurs propres clubs.

LES TOURNOIS PROFESSIONNELS

Les golfeurs de calibre international participent à diverses séries de compétitions, appelées circuits. Les trois principaux circuits sont le PGA European Tour (circuit professionnel européen), qui tient des compétitions partout en Europe, le USGA Tour (circuit de l'Association de golf des États-Unis), qui se déroule un peu partout aux États-Unis, et le Japanese PGA Tour (circuit professionnel du Japon). Il y a également des tournois de moindre envergure en Asie et en Australie, ainsi que des tournois secondaires, qui alimentent souvent les circuits majeurs. Des sponsors ou commanditaires offrent les bourses de ces tournois, bénéficiant en retour d'une couverture médiatique et du prestige d'être associés au golf.

La majorité des tournois professionnels durent plus de quatre jours. On élimine des joueurs après la deuxième journée, ce qui signifie que le nombre passe d'environ 150 à 80 pour les deux dernières journées. Les joueurs éliminés ne reçoivent pas de bourse.

À la fin de la saison, les 125 meilleurs joueurs peuvent participer au circuit l'année suivante ; on dit qu'ils se sont « qualifiés automatiquement ». Les autres doivent se réinscrire à des tournois de qualification, où il auront à mesurer leur savoir-faire à celui des recrues qui tentent d'accéder au circuit pour la première fois.

Ci-dessus : L'Américain Tiger Woods et l'Espagnol Sergio Garcia semblent déterminés à poursuivre leur domination dans l'univers du golf au cours des deux prochaines décennies.

À droite : La coupe Ryder est probablement le trophée de golf le plus convoité au monde.

LA COUPE RYDER

Baptisé en l'honneur de Samuel Ryder, qui, en 1927, organisa la première compétition de match-play entre la Grande-Bretagne, l'Irlande et les États-Unis, le tournoi de la Coupe Ryder est devenu l'une des compétitions sportives les plus intéressantes au monde. Durant les 58 premières années, les Américains en ont remporté la majorité, gagnant un total de 21 Coupes durant les 25 premières années. Pour contrer cette domination excessive, on a décidé de remplacer les équipes de Grande-Bretagne et d'Irlande par une équipe représentant l'Europe entière. Cet événement sportif a lieu tous les deux ans et les parties sont si serrées qu'il y a rarement plus d'un point de différence entre les deux équipes.

LES CHAMPIONNATS MAJEURS

Bien que les joueurs professionnels comptent sur les bourses qu'ils remportent lors des divers tournois pour gagner leur vie, leur carrière et leur statut de joueur ne dépendent pas de leur compte en banque, mais de leurs performances lors des quatre championnats majeurs du golf : le Masters, le US Open, le British Open et le Championnat de l'USPGA.

Ces championnats prestigieux ont chacun leur propre histoire et sont sans doute les compétitions que les joueurs désirent gagner à tout prix. Les championnats de cette envergure se déroulent tous sur des parcours difficiles, mettant à l'épreuve non seulement le savoir-faire technique du golfeur, mais également son endurance psychologique dans un environnement où la pression est à son maximum. Des joueurs tels Nick Faldo et Tiger Woods dressent leur calendrier de compétition et d'entraînement en fonction de ces quatre championnats.

Remporter l'un d'eux procure non seulement un meilleur statut, mais également des possibilités de revenus élevés. Des championnats moins prestigieux offrent souvent des bourses plus importantes, mais une victoire dans l'un des quatre tournois mentionnés est très lucrative, car elle permet au champion d'obtenir des contrats publicitaires et de recevoir d'autres offres alléchantes.

Jack Nicklaus est généralement considéré comme le plus grand joueur de l'histoire du golf, en raison de son record inégalé dans ces quatre championnats : son total de 20 victoires dépasse largement celui de Gary Player, qui en a seulement neuf à son actif.

LE MASTERS

Instauré par le légendaire Bobby Jones en 1934, le tournoi du Masters (tournoi des Maîtres) a lieu chaque année en avril et se distingue pour diverses raisons. Tout d'abord, c'est le seul tournoi majeur qui a lieu toujours au même endroit (le parcours Augusta National). Deuxièmement, bien qu'il y ait diverses manières de se qualifier automatiquement, seuls les golfeurs invités peuvent participer. Le vainqueur reçoit un veston vert, ainsi qu'une exemption à vie. Le parcours Augusta National est réputé pour la vitesse vertigineuse de ses greens et son aspect impeccable. Le Masters est un événement sportif très populaire auprès des joueurs européens, qui étaient les meilleurs durant les années 90.

Ci-dessus, à gauche : Le légendaire golfeur Jack Nicklaus, qui a remporté 20 championnats majeurs, est généralement considéré comme le meilleur joueur de l'histoire du golf.

À gauche : En 1991, Nick Faldo a remis le réputé veston vert du Masters à Ian Woosnam.

LE US OPEN

Cet événement sportif, qui date du 19e siècle, est le championnat national des États-Unis. Le parcours présente des fairways étroits et des greens très rapides, entourés de bandes de rough épais. Une bonne partie des golfeurs américains – il ne faut pas s'en étonner – avouent que c'est surtout ce championnat qu'ils désirent remporter.

LE BRITISH OPEN

C'est le plus ancien des quatre championnats majeurs. En 1860, Willie Park Sr. remporta le premier, à Prestwick. Le British Open se déroule chaque année en juillet sur un parcours qui offre des greens larges et ondulés, et des fairways rapides et coulants avec très peu de rough.

LE CHAMPIONNAT DE L'USPGA

Considéré par plusieurs comme le moins prestigieux des quatre championnats, l'USPGA a fait ses débuts en tant que compétition de match-play. Cependant, un manque d'intérêt pour ce type de compétition et une succession de finalistes médiocres ont entraîné la conversion de ce tournoi en stroke-play. Ce championnat a lieu chaque année en août, par temps généralement chaud et humide. Le type de parcours est semblable à celui de l'US Open.

À gauche : L'influence que Tiger Woods exerce sur le golf depuis qu'il est devenu professionnel en 1996 en fait le favori de tous les championnats majeurs.

LA COUPE SOLHEIM

Baptisée en l'honneur de Karsten Solheim, fondateur de Karsten Manufacturing (société qui fabrique les clubs de golf Ping), la Coupe Solheim est l'équivalent féminin de la Coupe Ryder. Cette compétition a lieu tous les deux ans, une année aux États-Unis, l'autre en Europe. Le premier tournoi n'a été disputé qu'en 1988, mais au fur et à mesure que les tournois féminins vont gagner en prestige, cette coupe va sûrement devenir aussi populaire et compétitive que la Coupe Ryder.

À droite : La Britannique Laura Davies, qui a connu un succès éclatant au golf, a participé à tous les tournois de la Coupe Solheim depuis 1988.

LE GOLF SUR INTERNET

Le golf est très populaire sur Internet : environ 1,5 million de sites y sont consacrés. Vous vous croirez peut-être au septième ciel avec toute cette manne d'informations au bout de vos doigts, mais il y a un problème : comment trouver les sites intéressants, informatifs et interactifs ? Vous voudrez sans doute effectuer vos propres recherches, mais voici quelques-uns des meilleurs sites pour vous aider à commencer :

SITES POUR JEUNES GOLFEURS

Bien que le golf pour jeunes soit souvent négligé par les médias de masse, on trouve une manne d'informations à ce sujet sur le Web. Plusieurs sites offrent diverses suggestions et conseils utiles pour devenir membre d'un club, participer à des compétitions et choisir l'équipement nécessaire.

www.juniorgolf.com
www.golf-foundation.org
www.nickfaldo.prg/faldojuniorseries
www.juniorgolftour.com

SITES DE GOLFEURS

La plupart des grands joueurs ont leur propre site, qui présente un profil détaillé, leur biographie, des extraits d'entrevues, des statistiques et même des chroniques régulières rédigées par la vedette elle-même. Dans certains cas, on peut échanger des courriels avec le joueur.

JOHN DALY
www.gripitandripit.com

DAVID DUVAL
jacksonville.com/special/fatherandson/

ERNIE ELS
www.ernieels.com

NICK FALDO
members.aol.com/ChrisDicks/Faldo.html

COLIN MONTGOMERIE
www.golfweb.com/library/playing-editors/montgomerie

JACK NICKLAUS
www.nicklaus.com

GREG NORMAN
www.golfonline.com/greatwhiteshark

LEE WESTWOOD OFFICIAL FAN CLUB
www.westyuk.com

TIGER WOODS
www.tigerwoods.com

LEÇONS DE GOLF VIRTUELLES

Pour apprendre à jouer au golf, les leçons personnelles sont ce qu'il y a de mieux. Internet offre cependant une quantité impressionnante de matériel didactique. La plupart des bons entraîneurs ont leur propre site, qui offre la possibilité de regarder des clips vidéo et de visionner toutes les étapes du swing de golfeurs vedettes, de lire des articles instructifs et d'échanger des courriels.

www.golfdigital.com
www.thegolfchannel.com
www. Leadbetterschools.com

ÉQUIPEMENT DE GOLF

La plupart des fabricants et détaillants de haute gamme ont leur propre site. Internet est le meilleur outil pour obtenir de l'information sur les dernières tendances en matière d'équipement. Il est possible de faire son shopping de manière interactive sur plusieurs de ces sites.

ÉQUIPEMENT ET ACCESSOIRES

Autrefois, les balles et les clubs de golf étaient fabriqués avec des matériaux de base très simples. Aujourd'hui, les fabricants ont accès à une panoplie de fibres et d'alliages de haute technologie. Les matériaux qui servent à fabriquer la tige et la tête du tout dernier modèle de driver hyper performant peuvent aussi bien se retrouver dans la composition des boucliers thermiques d'une navette spatiale que dans les ailes d'un chasseur à réaction qui vaut des dizaines, voire des centaines de millions de dollars. Avec toute cette technologie de l'ère spatiale, le choix d'un ensemble de clubs peut devenir compliqué pour le jeune golfeur.

L'ACHAT D'UN ENSEMBLE POUR GOLFEUR DÉBUTANT

Si vous avez regardé des golfeurs professionnels jouer au golf à la télévision, vous croyez probablement que traîner un ensemble de clubs durant une partie doit être une activité épuisante. Les caddies qu'on aperçoit lors des tournois majeurs transportent un volumineux sac de golf contenant jusqu'à 14 clubs, des balles de golf, des vêtements imperméables et un parapluie, ainsi que divers accessoires. Heureusement, le joueur moyen n'a pas à en faire autant.

Les Règles officielles stipulent que les golfeurs ont le droit de transporter jusqu'à 14 clubs dans leur sac. Les jeunes golfeurs débutants n'en ont toutefois pas besoin d'autant. La plupart des ensembles pour débutants n'en contiennent que cinq, soit un bois, trois fers et un putter, ce qui est suffisant pour tout jeune golfeur désirant assimiler les éléments de base. Celui-ci pourra ajouter progressivement des clubs à cet ensemble.

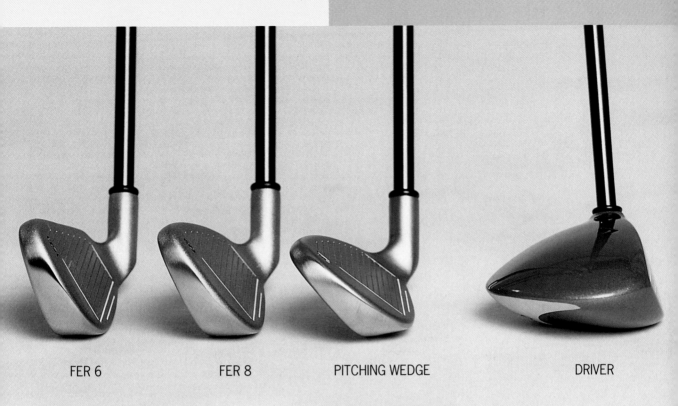

FER 6   FER 8   PITCHING WEDGE   DRIVER

LES FERS

La plupart des ensembles pour débutants comprennent un fer 6, un fer 8 et un pitching wedge (cocheur d'allée). Chaque club a une fonction distincte. Plus le numéro du fer est élevé, plus grand est le loft (angle d'ouverture) de la face du club. Un club présentant un loft plus grand portera la balle à une hauteur plus élevée, mais celle-ci va parcourir une distance moins grande. Ainsi, un fer 6 va frapper la balle à une hauteur plus basse, mais à une distance plus grande qu'un fer 9, où la balle montera plus haut mais pourra se rapprocher très près du trou.

LES BOIS

De nos jours, sauf quelques rares exceptions, les bois ne sont plus en bois. On les fait en métal, ce qui est excellent pour les jeunes, car les têtes métalliques sont plus légères et plus maniables. Les apprentis golfeurs devraient commencer avec les bois 3 ou 4, relativement faciles à manier lors des coups de départ et utiles dans les fairways.

Au fur et à mesure qu'il développera sa force musculaire et son savoir-faire, le jeune golfeur éprouvera le besoin d'ajouter des clubs à son ensemble de base, à commencer par un driver (bois n° 1). Le driver est un bois qu'on utilise après le coup de départ ; son loft est très réduit, puisqu'il est conçu de manière que la balle parcoure la plus grande distance possible. Plus tard, l'apprenti voudra probablement ajouter un autre fer, de numéro aussi bas que le 4 s'il le désire, et se procurer un sand wedge (cocheur de sable) pour sortir des bunkers et jouer autour du green.

DESCRIPTION D'UN CLUB

Le grip, la tige et la tête sont les trois pièces principales d'un club de golf. Chacune a un rôle particulier à jouer pour aider le joueur à frapper la balle.

LE GRIP (POIGNÉE)

Le grip est l'endroit où le joueur pose ses mains pour tenir le club. Les grips varient en épaisseur et en texture. Il est très important que vous utilisiez des clubs présentant un grip dont l'épaisseur correspond à la taille de vos mains.

LA TIGE

La tige relie le grip à la tête. Il est généralement en acier inoxydable, mais il y en a qui sont fabriqués avec d'autres matériaux, comme le graphite ou le titane. La tige est la pièce la plus complexe, car son épaisseur et son poids peuvent grandement influencer l'allure et la trajectoire des coups. Les manches varient en flexibilité. Les joueurs professionnels et les joueurs ordinaires qui ont une frappe rapide préfèrent une tige rigide, alors que ceux qui ont un handicap plus élevé (incluant les jeunes golfeurs qui swinguent moins vigoureusement) devraient opter pour une tige plus flexible, susceptible de compenser leur swing moins rapide.

LA TÊTE

Comme cette pièce absorbe toute la force du swing, elle doit être fabriquée d'un matériau durable. La forme des têtes a subi de profondes modifications avec les années : autrefois, la forme « lame » (la tête était façonnée à partir d'une pièce de métal plate) était à la mode ; on utilise maintenant une tête en forme de cavité qui est fabriquée à partir d'un moule. Bien que plusieurs golfeurs professionnels préfèrent la sensation et la polyvalence d'une tête en forme de lame, la majorité choisissent des têtes moulées, plus faciles à manier. Les rainures sur la face du club sont utiles pour aligner un coup et provoquer un meilleur backspin (effet rétro), d'où l'importance de les garder propres.

POURQUOI ÉVITER LES CLUBS RACCOURCIS

L'équipement pour jeunes golfeurs a connu une nette amélioration depuis quelques années. Dans un passé pas si lointain, le jeune commençait son apprentissage avec des clubs standards mais raccourcis (tige réduite pour correspondre à la taille de l'enfant). Ces clubs tronçonnés causent toutefois plus de tort que de bien : la tige devient plus rigide quand on la raccourcit et le jeune a plus de difficulté à effectuer un swing et à frapper la balle.

Les clubs raccourcis sont également plus lourds, surtout pour un jeune enfant, et le grip peut être trop épais pour ses mains. La première chose que les enfants et les adolescents souhaitent lorsqu'ils frappent une balle de golf est de la voir virevolter dans les airs. Ils veulent jouer pour s'éclater et avoir du plaisir. S'ils jouent avec des clubs raccourcis, ils risquent de s'ennuyer et de délaisser le golf pour de bon.

De tels clubs sont heureusement de plus en plus rares de nos jours. La plupart des fabricants offrent aux jeunes des clubs spécifiquement conçus pour leur petite taille. Les têtes de ces clubs sont plus légères, les grip plus minces et les tiges plus souples que dans les clubs pour adultes. Résultat : des clubs qui n'empêcheront pas les jeunes d'avoir du plaisir en jouant.

DES CLUBS SUR MESURE – COMMENT AJUSTER UN CLUB POUR UN BON SWING

Des clubs ajustés sur mesure sont conseillés à tous les joueurs, quels que soient leur âge, leur corpulence et leur taille. L'ajustement sur mesure assure le joueur qu'il aura les clubs correspondant à ses besoins. Pour les enfants et les adolescents, il faut tenir compte de trois facteurs : comme on l'a mentionné, les grips doivent être plus minces, en fonction de la taille des mains, et les tiges plus flexibles. Le facteur le plus important est cependant la longueur. Des clubs trop courts ou trop longs entraînent une mauvaise posture et une difficulté à frapper la balle avec régularité.

La plupart des fabricants ajustent les clubs des jeunes d'après leur taille. Généralement, on mesure la distance entre les mains de l'enfant (debout normalement) et le plancher. Cette mesure donne une bonne indication de la longueur du club qui convient. Il faut aussi se rappeler que les enfants peuvent grandir très rapidement. Certains fabricants offrent la possibilité d'échanger les clubs usagés pour des nouveaux, ce qui diminue les coûts, mais il est possible, dans une certaine mesure, de se procurer un équipement qui tient compte des poussées de croissance du jeune golfeur. La majorité des experts recommandent toutefois de ne pas dépasser 2,5 cm quand on rallonge un club. Il est également possible de rallonger un club usagé d'environ 2,5 cm. Ce n'est pas parce qu'un jeune grandit un peu qu'il faut nécessairement lui acheter un nouvel ensemble de clubs.

LES PUTTERS : POURQUOI LEUR APPARENCE EST SI IMPORTANTE

Le putter est le club qui offre la plus grande variété de designs. En raison des exigences particulières relatives à cet aspect du golf, il est difficile de recommander un type ou une marque de putter. Si un joueur trouve un type de putter qui lui semble particulièrement attrayant, la partie est à moitié gagnée. N'importe quel joueur professionnel vous dira qu'il est difficile de jouer sur le green avec un putter dont l'apparence visuelle lui déplaît.

Si on exclut l'apparence, le seul autre facteur à considérer quand on achète un putter est sa longueur. Si le putter est trop court, le golfeur aura tendance à s'accroupir au-dessus de la balle, ce qui pourrait éventuellement causer des problèmes de dos. De même, s'il est trop long, le phénomène inverse se produira, c'est-à-dire une posture trop droite et une tendance à s'éloigner de la balle.

Il faut avant tout que règne un climat de confiance. Si le jeune golfeur se sent mal à l'aise avant d'exécuter un putt, il est peu probable qu'il réussisse à faire pénétrer la balle dans le trou. Le meilleur conseil à donner au jeune est de se présenter dans un magasin ou une boutique de golf et d'essayer quelques putters avant d'en choisir un avec lequel il se sent en confiance lorsqu'il frappe la balle.

QUEL TYPE DE SAC CHOISIR ?

Les sacs de golf pour jeunes sont très bien conçus. Ils doivent être assez robustes pour pouvoir absorber tous les coups, mais suffisamment légers pour que les jeunes puissent les transporter aisément durant tout le parcours de 18 trous. Certains modèles se présentent avec deux courroies (modèle populaire auprès des adultes), qui permettent une répartition égale du poids du sac sur le dos et les épaules. Les modèles avec support sont également utiles, car ils gardent les clubs et le sac propres, même par temps pluvieux.

QU'EST-CE QU'UN SAC DOIT CONTENIR?

En plus des clubs, les joueurs doivent transporter plusieurs articles importants pour faire face à diverses situations qui peuvent se produire sur un parcours.

Parapluie et imperméable
Ces deux articles sont indispensables. Il est préférable d'opter pour des vêtements imperméables munis d'une doublure respirante afin de prévenir la transpiration.

Serviette
Une grande serviette est utile pour nettoyer les clubs de toute poussière par temps sec, mais plusieurs petites serviettes sont préférables par temps pluvieux.

Fourche
Utile pour réparer le green abîmé par des empreintes. On peut cependant utiliser un tee pour effectuer ce type de réparation.

Marqueur de balle
Utile pour marquer la position de la balle sur le green avant de la nettoyer. On peut également utiliser une pièce de monnaie.

Crayon et carte de pointage
Pour inscrire le score effectué à chaque trou et prendre des notes au sujet du parcours.

Gant
Les joueurs droitiers portent un gant à leur main gauche (l'inverse pour les gauchers), qui empêche le club de glisser.

Balles de golf
Toujours en apporter suffisamment pour compléter le parcours.

QUELLES BALLES UTILISER?

À mesure qu'ils développent leur savoir-faire et leur adresse au jeu, les golfeurs ont tendance à préférer un type de balle particulier. Règle générale, les balles plus dures ont tendance à aller plus loin et à rouler davantage lorsqu'elles ont atterri, mais elles peuvent être lourdes et difficiles à frapper, surtout pour des jeunes. Les balles plus molles sont plus faciles à frapper, mais elles ne vont pas aussi loin et durent moins longtemps que les balles dures.

Pour un débutant, la marque de balle n'est pas vraiment importante. Les balles de golf sont très coûteuses, plutôt que d'acheter un modèle dernier cri, les jeunes devraient se rendre dans une boutique de golf et voir dans la section des balles d'occasion. Celles-ci coûtent deux à trois fois moins cher que les balles neuves. Le jeune débutant pourra devenir plus sélectif au fur et à mesure qu'il développera ses aptitudes.

À droite : Un gant de golf empêche le grip de glisser des mains lors du swing.

LES CHAUSSURES DE GOLF

La plupart des jeunes qui débutent portent des chaussures de sport, ce qui ne pose aucun problème s'ils jouent sur les parcours publics ou dans un club qui n'a pas de règles strictes à propos des chaussures. Certaines entreprises de vêtements sportifs fabriquent des chaussures de golf spécialement destinées aux jeunes golfeurs. Il est conseillé aux jeunes qui jouent régulièrement d'acheter ce type de chaussures, qui sont conçues non seulement pour être confortables, mais aussi pour permettre une meilleure stabilité des pieds en frappant la balle ; la plupart sont munies de crampons qui adhèrent au sol lors du swing.

Les crampons sont généralement en métal, mais cette situation pourrait changer d'ici peu, car de plus en plus de clubs n'autorisent que des crampons non métalliques sur leur parcours, de façon qu'ils ne puissent endommager les greens en laissant des traces partout sur la surface.

Les chaussures à crampons non métalliques sont d'ailleurs très confortables (comme celles à crampons métalliques), surtout en été, alors que les fairways présentent une surface dure et sèche. Un inconvénient toutefois : plusieurs golfeurs affirment qu'elles n'adhèrent pas aussi bien que les chaussures à crampons traditionnelles lorsque le sol est humide ou mouillé.

Comme la plupart des jeunes golfeurs ne posséderont qu'une paire de chaussures de golf, ils doivent choisir un modèle à la fois léger et imperméable. Les chaussures imperméables sont très avantageuses pendant l'hiver, mais les jeunes doivent s'assurer qu'elles sont suffisamment légères pour être confortables durant les chaleurs estivales.

CONSEILS AUX PARENTS

1. Ne dépensez pas inutilement votre argent tout d'un coup. Assurez-vous que votre jeune apprécie vraiment le golf.
2. Les clubs raccourcis sont un gaspillage d'argent. Demandez à un expert de vous conseiller sur les clubs préalablement ajustés pour jeunes et qui tiennent compte de leur taille et de leur swing .
3. Le sac de votre enfant doit contenir un nombre raisonnable de clubs ; un ensemble comprenant cinq clubs est suffisant. Vous pourrez ajouter des clubs quand votre jeune aura fait suffisamment de progrès.
4. Inscrivez votre jeune à un club local pour des leçons d'initiation. Celles-ci sont une excellente entrée en matière pour le familiariser avec le golf.
5. N'hésitez pas à demander conseil à des experts.
6. La motivation du jeune pour améliorer son savoir-faire et ses performances dépend du plaisir qu'il retire de la pratique du golf.

10 RÈGLES DE BASE

Au Royaume-Uni et sur le continent européen, les règles officielles du golf sont sous l'autorité de la Royal and Ancient Golf Club of St. Andrews, en Écosse. Aux États-Unis, elles relèvent de l'USGA (Association de golf des États-Unis). En tout, il y a 34 règles différentes, chacune d'entres elles pouvant être appliquée de différentes façons. Les règles sont détaillées et souvent compliquées, tellement que même les meilleurs joueurs ne les connaissent pas toutes à la lettre. Bien entendu, les golfeurs doivent avoir une bonne connaissance de ces règles pour pouvoir jouer en compétition, mais en phase d'apprentissage, il suffit de les connaître sommairement.

1. LE PREMIER QUI JOUE EST CELUI DONT LA BALLE EST LA PLUS ÉLOIGNÉE DU TROU.

Une des règles les plus importantes exige que le joueur dont la balle est la plus éloignée du trou joue toujours le premier. C'est plus sécuritaire et cela permet d'accélérer le déroulement de la partie.

2. À QUI L'HONNEUR DE COMMENCER?

Lors d'une partie de compétition, on peut choisir celui qui frappera le premier coup de départ au début du premier trou en jouant à pile ou face avec une pièce de monnaie. Celui qui obtiendra le score le plus bas au premier trou détiendra le privilège de frapper le coup de départ suivant le premier. Il conservera ce privilège jusqu'à ce qu'un de ses partenaires de jeu obtienne un score plus bas.

3. OÙ POSER LE TEE POUR LE COUP DE DÉPART?

Au début de chaque trou, les joueurs doivent placer leur tee dans un endroit précis, soit une aire rectangulaire dont le côté équivaut à la longueur de deux clubs. Le devant et les côtés de l'aire doivent être délimités au moyen de marqueurs de tee. Les joueurs ont le droit de se poster à l'extérieur de l'aire pour frapper leur balle du moment que celle-ci est à l'intérieur de l'endroit désigné.

4. IDENTIFIER SA BALLE

Les joueurs doivent pouvoir reconnaître leur balle en tout temps sur le parcours, surtout si elle atterrit dans un terrain accidenté ou un obstacle. Il ne suffit pas de se rappeler la marque et le numéro de la balle. Par exemple, le fait qu'un joueur trouve une balle de marque Titiste Professional 4 sous un arbre ne signifie pas forcément que celle-ci soit la sienne.

La première chose qu'un joueur professionnel effectue après avoir ouvert un emballage de balles est d'apposer ses initiales ou une autre marque d'identification à l'aide d'un crayon feutre à l'encre indélébile. Plusieurs golfeurs apposent leurs initiales sous le logo, d'autres utilisent des points ou des traits de couleur. L'Américain Dufy Waldeck demande à ses enfants de les décorer de dessins amusants. La manière d'identifier les balles importe peu, pourvu que le joueur parvienne à les reconnaître par la suite.

5. QUAND ENLEVER LE DRAPEAU ?

Chaque joueur doit savoir quand il faut laisser le drapeau dans le trou et quand il faut l'enlever. Une mauvaise connaissance de cette règle entraînera une pénalité de deux coups en stroke-play et la perte d'un trou en match-play. À l'extérieur du green, le joueur peut soit garder le drapeau en place soit l'enlever. Sur le green, il peut demander que le drapeau soit retiré ou que quelqu'un d'autre le tienne. Cela signifie qu'un de ses partenaires ou son caddie tiendra le drapeau pendant qu'il exécutera son putt, le retirant seulement lorsque la balle s'approchera du trou. Il est interdit de laisser le drapeau en place sans avoir préalablement demandé à quelqu'un de le tenir au moment d'exécuter le putt.

6. LES OBSTACLES

Les architectes des parcours de golf incluent une gamme variée d'obstacles pour éprouver le savoir-faire des joueurs. Les obstacles les plus traîtres sont les lacs et les fossés, où il est souvent impossible de récupérer une balle. Il y a deux catégories d'obstacles aquatiques : les obstacles classiques et les obstacles latéraux.

Les obstacles latéraux sont indiqués par des piquets rouges. Lorsqu'une balle atterrit dans un obstacle latéral, le joueur dispose de deux options. Il peut soit frapper la balle là où elle s'est déposée (mais sans déposer son club au sol au préalable), soit la droper à deux longueurs de club de l'obstacle, à la hauteur du point où l'on constate que la balle a traversé le bord de l'eau. Cependant, les joueurs n'ont pas le droit de droper la balle plus proche du trou.

Lorsqu'une balle atterrit dans un obstacle classique, indiqué par des piquets jaunes, le joueur dispose également de deux options. Il peut soit rejouer son coup à partir du même endroit, en ajoutant une pénalité d'un coup à son score, soit droper la balle entre l'emplacement où elle a traversé le bord de l'eau (pas nécessairement où elle a atterri) et le trou. Il peut droper la balle aussi loin qu'il le désire derrière l'obstacle.

7. HORS-LIMITE

En plus des obstacles courants tels lacs, fossés et bunkers, un club de golf peut déterminer certains endroits du parcours comme des territoires hors-limite. Il est interdit de jouer dans ces zones, indiquées par des piquets blancs. Les joueurs n'ont pas le droit d'y entrer pour chercher ou récupérer une balle perdue, mais ils ont le droit de frapper une balle se trouvant en zone réglementaire depuis une zone hors-limite. Si la balle atterrit dans un territoire hors-limite, le joueur reçoit une pénalité d'un coup et doit rejouer la balle le plus proche possible de l'endroit où il a frappé son premier coup. Vous avez probablement déjà entendu des commentateurs sportifs dire : « C'est un départ à trois. » Cela signifie que le joueur a envoyé sa balle dans une zone hors-limite et a reçu une pénalité d'un coup. Son coup suivant sera donc son troisième coup vers le trou.

8. BALLE PROVISOIRE

Dans certains cas, le joueur ne peut déterminer si sa balle est perdue, a atterri dans un obstacle ou une zone hors-limite. Il peut alors jouer avec une balle provisoire, ce qui lui permet de continuer à chercher la première ; s'il n'arrive pas à la retrouver, il devra poursuivre le jeu avec la balle provisoire en ajoutant un point de pénalité (pour la balle perdue). Cette approche épargne au joueur qui ne peut retrouver sa balle, la corvée d'avoir à revenir jusqu'au tertre de départ pour rejouer son coup. Le joueur doit toutefois rappeler à ses partenaires de jeu qu'il joue avec une balle provisoire avant de frapper son coup suivant.

9. MARQUER LA BALLE SUR LE GREEN

Parvenu sur le green, le joueur a le droit de ramasser sa balle, de la nettoyer et de la replacer. Auparavant, il doit toutefois « marquer la balle » de façon à la reposer exactement au même endroit. Les Règles du golf permettent au joueur de marquer sa balle avec n'importe quel objet, tel un tee ou le bout d'un putter, mais la majorité utilisent soit un marqueur de balle soit une pièce de monnaie. Il s'agit de placer le marqueur le plus proche possible derrière la balle sans y toucher. Après l'avoir nettoyée, le joueur doit la replacer le plus proche possible du marqueur.

10. NOMBRE DE CLUBS AUTORISÉS

Les Règles du golf permettent à chaque joueur de transporter un nombre maximum de 14 clubs dans leur sac durant une partie. Cela signifie que les joueurs sont limités à une sélection initiale, bien qu'ils puissent remplacer les clubs brisés ou inutilisables pendant la partie si le remplacement ne cause pas de délais inutiles. Transporter plus que le nombre autorisé entraîne une pénalité de deux coups pour chaque trou où les règles ont été transgressées, le maximum étant une pénalité de deux trous.

LES RÈGLES D'ÉTIQUETTE

En plus de règles souvent compliquées, le golf a des règles d'étiquette ou de savoir-vivre (non écrites) qui décrivent le comportement à adopter sur un parcours de golf. L'esprit sportif et le respect envers les partenaires de jeu font partie intégrante des traditions et de l'histoire de ce sport. Si vous désirez être pris au sérieux en tant que golfeur sur un parcours, savoir comment vous comporter correctement lors d'une partie est tout aussi important que savoir jouer de bons coups. Voici quelques-unes des règles d'étiquette les plus courantes.

FAIRE DISPARAÎTRE LES EMPREINTES SUR LE GREEN

Toute balle qui atterrit sur le green laisse une trace ou une empreinte. Quand vous regarderez un tournoi à la télévision, notez bien que la première chose que font les professionnels quand ils arrivent sur le green consiste à marquer leur balle, puis à repérer la trace qu'elle a laissée et à la faire disparaître. Cette habitude courante chez les meilleurs joueurs est une pratique que les jeunes devraient adopter. Les empreintes sont d'apparence disgracieuse et peuvent empêcher la balle de circuler aisément sur le green. À plus long terme, elles peuvent endommager la surface du green de façon permanente.

Pour faire disparaître une empreinte correctement, il est conseillé d'utiliser une fourche. Le joueur peut également faire la réparation avec un tee. Il faut planter la fourche des deux côtés de l'empreinte, puis pousser le turf vers l'intérieur. On doit éviter de soulever le turf avec la fourche, car ce geste fera plus de tort que de bien. Après avoir comprimé le turf de chaque côté, le joueur rabattra l'herbe soulevée avec son putter.

REMETTRE LES BUNKERS EN BON ÉTAT

Il n'y a qu'une chose pire que de voir sa balle atterrir dans un bunker, c'est de la retrouver au beau milieu d'une vieille empreinte de chaussure dans le bunker. Il suffit de seulement quelques secondes pour ratisser un bunker après avoir frappé son coup, mais ce geste fera toute la différence pour le joueur suivant qui se retrouvera dans le sable. Les jeunes golfeurs doivent être encouragés à garder les bunkers propres.

Ratisser correctement est un art en soi. Premièrement, on ne doit entrer dans un bunker et en ressortir que par sa section la plus profonde, afin d'éviter de déplacer le moins de sable possible. Deuxièmement, le sable doit être ratissé de manière uniforme sur toute la surface du bunker ; en aucun cas il ne devrait s'accumuler en un endroit. Finalement, le joueur qui s'est acquitté de cette tâche doit déterminer où déposer le râteau. Les règles varient d'un club à l'autre, mais la consigne habituelle veut qu'on le laisse à l'intérieur du bunker, car ailleurs, il pourrait empêcher la balle d'atterrir dans l'obstacle.

REPLACER LES DIVOTS (MOTTES DE GAZON ARRACHÉES)

Le golf peut être un sport extrêmement frustrant, surtout quand un excellent coup fait aboutir la balle dans un divot. Les Règles stipulent que dans cette situation, la balle doit être jouée là où elle s'est posée ; il n'y a aucune dérogation, même si cela semble injuste. Un joueur se trouve en effet puni à cause de l'ignorance des règles d'étiquette de quelqu'un d'autre.

Tout joueur qui doit prendre un divot (coup exécuté avec un fer) devrait prendre le temps de ramasser la motte de gazon et de le replacer à l'endroit approprié. Il donne alors au turf la possibilité de repousser et les autres joueurs auront une excellente chance de profiter d'un lie dégagé sur le fairway. La seule occasion où le joueur ne devrait pas replacer un divot se trouve lors des coups de départ.

ENLEVER SA CASQUETTE AVANT DE SERRER LA MAIN DES PARTENAIRES

À la fin d'une partie, il est bien vu de serrer la main de ses partenaires de jeu. Qu'il ait gagné ou perdu la partie, le golfeur devrait enlever sa casquette ou tout autre couvre-chef avant de serrer la main d'un partenaire. Ce geste sportif est surtout une marque de respect envers le partenaire. La majorité des clubs de golf demandent également aux joueurs d'ôter leur casquette avant d'entrer dans le clubhouse.

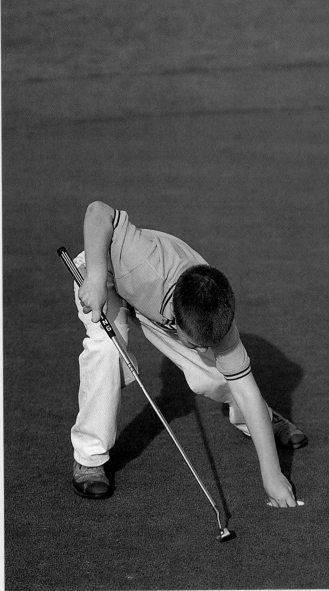

ÉVITER DE MARCHER SUR LA TRAJECTOIRE DE PUTT DE SON PARTENAIRE

Les golfeurs devraient toujours prendre soin de ne pas marcher sur la trajectoire de putt de leur partenaire. Les pas peuvent facilement laisser des empreintes sur le green, ou pire, des marques de crampons en plein dans la trajectoire vers le trou. Autant que possible, les joueurs devraient marcher à côté ou derrière la balle de leur adversaire pour atteindre la leur. Si ce n'est pas possible, ils enjamberont la trajectoire de putt sans l'effleurer de leurs pieds.

SILENCE QUAND UN AUTRE JOUEUR FRAPPE SON COUP

Le golf est un sport suffisamment difficile en lui-même sans que d'autres joueurs vous empêchent de vous concentrer en parlant alors que vous vous préparez à frapper un coup. Les conversations amicales et la camaraderie ont beau faire partie intégrante du golf, les joueurs devraient se taire quand un des leurs se prépare à exécuter un coup. Les autres joueurs doivent alors veiller à ne faire aucun bruit. Fouiller dans son sac ou chercher de la monnaie dans ses poches peut être agaçant pour celui qui est en train de jouer.

OÙ SE PLACER SUR L'AIRE DE DÉPART ET SUR LE FAIRWAY

Pour des raisons de sécurité et d'étiquette, il est très important que les golfeurs sachent exactement où ils doivent se placer quand un autre joueur effectue son coup. Cela s'applique particulièrement sur l'aire de départ, où l'on peut retrouver jusqu'à quatre joueurs très proches les uns des autres. La consigne d'usage consiste à s'aligner à la hauteur de la balle, tout en restant derrière celui qui joue ou légèrement de biais derrière la balle. C'est une entorse aux règles d'étiquette (et une initiative dangereuse) que de se placer devant la balle, dans la ligne de visée de celui qui est en train de jouer ou même directement derrière la trajectoire. On fait preuve d'un manque de respect en se plaçant directement derrière un joueur pendant qu'il frappe sa balle. Il est également inacceptable de se tenir trop près de façon à obstruer la ligne de visée d'un joueur.

CÉDER LE PASSAGE AU GROUPE SUIVANT LORSQU'ON CHERCHE UNE BALLE

Tous les golfeurs ont déjà frappé une balle dans les arbres en bordure d'allée. Et certains plus souvent que d'autres, bien sûr. Si vous devez cherche une balle dans les buissons ou les bois, rappelez-vous de céder le passage au groupe qui vous suit.

Les joueurs disposent de cinq minutes pour chercher leur balle, mais cela ne signifie pas que le groupe suivant doit attendre si longtemps. Si la recherche d'une balle perdue ralentit la partie, alors il faut céder le passage au groupe suivant.

RÈGLES D'ÉTIQUETTE

Les jeunes golfeurs devraient toujours...

... arriver à l'avance au premier tertre de départ pour commencer la partie ;

... souhaiter bonne chance à leurs partenaires de jeu au début ;

... chercher les balles perdues de leurs partenaires ;

... crier « fore » (attention !) s'ils considèrent que leur balle peut frapper quelqu'un ;

... replacer les divots (sauf lors du coup de départ) ;

... faire disparaître les traces de coups et les empreintes de pied sur les greens ;

... laisser leur sac ou leur chariot le plus près possible du prochain tertre de départ, mais ne pas le laisser sur le green ;

... céder le passage au groupe suivant quand ils cherchent une balle perdue.

Les jeunes golfeurs devraient toujours éviter de...

... frapper une balle alors que les joueurs devant eux sont en train de frapper leur coup ;

... parler lorsque quelqu'un d'autre se prépare à frapper une balle ;

... se poster directement derrière un joueur qui exécute un putt ;

... crier ou jurer sur un parcours de golf ;

... jeter au sol des clubs ou de l'équipement de golf parce qu'ils sont en colère ;

... replacer les divots lors des coups de départ ;

... marquer eux-mêmes leur carte de pointage sur le green ;

... rire du mauvais coup d'un adversaire ;

... exécuter des swings d'exercice sans s'assurer préalablement qu'il y a de la place ;

... marcher devant la trajectoire de putt d'un autre joueur.

CONSEILS PRATIQUES AUX PARENTS

2

Les jeunes golfeurs peuvent recevoir des leçons régulières d'un professionnel du golf, mais ils passeront plus de temps à jouer en compagnie de leurs parents. Il est donc important que les mamans et les papas ne sous-estiment pas ou ne minimisent pas l'influence qu'ils peuvent exercer sur leur enfants en qualité de professeurs et de modèles à suivre. Ce sont les parents qui vont expliquer les applications et les nuances des règles et de l'étiquette. Ils doivent montrer à leurs enfants la manière correcte de remplir une carte de pointage, ainsi que la tenue vestimentaire et le comportement convenables sur le parcours et dans le clubhouse. La majeure partie de l'enseignement du golf aux enfants revient en fait à leurs parents.

À QUEL ÂGE UN ENFANT PEUT-IL DÉBUTER?

Quand on aborde la question de l'âge auquel un enfant peut commencer l'apprentissage du golf, les opinions sont aussi variées qu'il y a de styles de coiffure. Le célèbre Tiger Woods a commencé à démontrer des aptitudes au golf alors qu'il n'était qu'un bambin de 18 mois, et il était déjà un golfeur compétent au moment d'entrer à l'école. Par contre, Lee Westwood et Nick Faldo n'ont commencé à jouer au golf qu'au début de l'adolescence.

Il n'y a pas d'âge recommandé pour débuter, mais, règle générale, il est préférable de commencer plus tôt que plus tard. La chose la plus importante pour les parents consiste à proposer à leur enfant des occasions de pratiquer le golf lorsqu'il démontre un intérêt évident pour ce sport. Si les parents sont eux-mêmes des golfeurs enthousiastes et jouent régulièrement ou regardent des tournois à la télévision, il y a de bonnes chances que cet intérêt attise la curiosité de leurs enfants et que ces derniers veuillent participer et jouer eux-mêmes.

Certains jeunes commencent à frapper des coups dans le jardin avec un club en plastique léger dès l'âge de deux ans. Les enfants de cet âge n'ont vraiment aucune idée de ce qu'est un swing, mais ils éprouvent du plaisir à frapper la balle le plus fortement possible.

Ils vont souvent rater la balle complètement en tentant de la frapper, mais, dans la plupart des cas, les coups dans le vide ne les dérangeront pas ; ils vont simplement recommencer. À ce stade-ci, tout ce qui importe pour l'enfant, c'est d'avoir du plaisir.

Il est possible d'enseigner aux tout-petits les bases du grip et du stance dès la pré-maternelle. Puisque ceux-ci ont acquis suffisamment de coordination pour marcher, manipuler des jouets et monter des escaliers, il n'y a aucune raison pour laquelle ils ne pourraient apprendre les tâches relativement simples de tenir un club de golf correctement et de maintenir une bonne posture à l'adresse. Il faut toutefois garder à l'esprit que de bonnes habitudes persisteront durant toute la vie, mais que si on ne corrige pas les mauvaises, celles-là persisteront aussi.

LES DÉBUTS

APPRENDRE D'ABORD LE JEU COURT

Ce n'est pas par hasard que la plupart des experts du chipping et du putting, des golfeurs tels Sergio Garcia, Seve Ballesteros et Jose Maria Olazabal, ont commencé à jouer à un très jeune âge. Un enfant de cinq ou six ans a évidemment de la difficulté à expédier une balle sur de longues distances, mais on peut lui apprendre en premier lieu les techniques du chipping et du putting. Le savoir-faire acquis tôt en matière de jeu court profitera aux joueurs toute leur vie. Prenons l'exemple de Seve Ballesteros. Même s'il éprouvait des frustrations en raison de son swing avec un fer ou un driver, cela ne l'a pas empêché d'être le meilleur joueur de putting du Circuit professionnel européen en 1999 et d'être considéré comme l'un des 10 meilleurs dans les bunkers.

Les jeunes golfeurs devraient s'efforcer de peaufiner leur jeu court pour deux raisons. Premièrement, une bonne maîtrise du jeu court compense les lacunes inévitables du jeu long pendant l'apprentissage. Deuxièmement, les joueurs qui parviennent à maîtriser les nuances subtiles du chipping, du pitching et du putting à un jeune âge auront acquis les techniques nécessaires pour obtenir des scores vraiment bas quand ils joueront avec régularité du coup de départ jusqu'au green.

LAISSER L'ENSEIGNEMENT DU GOLF ENTRE LES MAINS D'UN PROFESSIONNEL

Bien que l'enseignement de techniques de base tels le grip, le stance, l'alignement ou la posture à l'adresse puisse s'effectuer de manière satisfaisante au moyen de livres ou de vidéos, il est préférable que les cours soient donnés par un professionnel certifié par la PGA. À moins que les parents ne soient eux-mêmes des joueurs possédant un handicap très bas ou des golfeurs professionnels, il est déconseillé qu'ils enseignent les techniques du jeu à leurs propres enfants. C'est un peu radical, mais prendriez-vous des leçons de conduite ou de vol de quelqu'un qui ne connaît que les techniques de base ? Bien sûr que non, et c'est pour cette raison que les parents devraient laisser l'enseignement du golf à leurs enfants entre les mains d'un professionnel.

Il n'y rien de mal à prodiguer occasionnellement des conseils d'ami à vos apprentis golfeurs. Garder à l'esprit que vos connaissances du jeu ne sauraient être qu'un complément à l'enseignement d'un instructeur qualifié. Des conseils contradictoires peuvent non seulement embrouiller l'esprit de l'enfant, mais également lui faire perdre confiance en lui-même et l'empêcher de progresser. Savoir où sont vos limites en ce sens peut être bénéfique à son apprentissage.

LES LEÇONS EN GROUPE

Prendre des leçons individuelles peut coûter cher et il n'y a aucune garantie qu'un jeune sera vraiment intéressé à persévérer dans la pratique du golf. Une façon de réduire les dépenses initiales consiste à l'inscrire d'abord à des cours ou à des leçons en groupe. Plusieurs clubs de golf communautaires offrent des sessions de groupe les samedis ou dimanches matin, tandis que d'autres donnent des cours pendant les congés scolaires. Dans certains cas, on fournit des clubs d'exercice, ce qui permet aux parents d'éviter de débourser de l'argent pour de l'équipement coûteux, ce qu'ils feront plus tard s'ils s'aperçoivent que leur enfant montre un intérêt sérieux pour le golf.

Évidemment moins coûteuses que les cours individuels, les leçons en groupe sont idéales pour donner au jeune un aperçu du jeu dans un environnement agréable. La plupart des jeunes apprécient la compagnie de leurs pairs et nouent souvent des amitiés avec des camarades aux goûts similaires. Le seul inconvénient est que le jeune ne recevra pas d'attention personnelle ; un instructeur compétent peut toutefois maintenir l'intérêt de ses élèves en donnant des démonstrations pratiques qui font participer tout le groupe.

Choisir un professionnel qualifié pour donner des cours à votre jeune apprenti golfeur ne doit pas se faire sur un coup de tête en téléphonant au club de golf le plus proche et en demandant au premier venu de donner quelques leçons. Les parents devraient prendre le temps de vérifier ce que chaque instructeur pourrait offrir à leur enfant; en procédant de la sorte, ils s'assureront que leur enfant appréciera sa toute première leçon de golf et la trouvera amusante.

Les parents devraient demander à des amis ou à des connaissances s'ils connaissent un instructeur recommandable. Comme bon nombre d'instructeurs de golf se spécialisent dans une clientèle particulière, les parents doivent en choisir un qui jouit d'une bonne réputation auprès des jeunes golfeurs.

Les parents ne devraient pas hésiter à faire passer une brève entrevue à l'instructeur pressenti. D'ailleurs, les instructeurs adorent rencontrer des parents pour discuter de leurs méthodes d'enseignement. Lors de l'entrevue, les parents évalueront la personnalité et le niveau de compétence du professionnel, et vérifieront s'il est un bon communicateur. L'enfant devrait être présent à cette rencontre afin que les parents observent la manière du professionnel d'entrer en relation avec celui-ci. Un professionnel compétent va généralement appeler l'enfant par son prénom. Il posera des questions directes à son futur élève et, chose importante, il écoutera attentivement les questions de l'enfant. Dans la majorité des cas, l'intuition parentale est un bon guide pour déterminer si l'instructeur fera l'affaire ou pas. Les parents doivent aussi demander à leur enfant s'il partage leur opinion sur l'instructeur choisi; après tout, c'est l'enfant qui ira aux cours, pas les parents.

LE CHOIX D'UN INSTRUCTEUR
PROFESSIONNEL

LE PLAISIR DE JOUER AVANT TOUT

La vie est une grande aventure pour les enfants et c'est comme ça qu'ils la voient lorsqu'ils jouent au golf. La meilleure façon de maintenir leur intérêt pour ce sport consiste à faire en sorte que le jeu soit source de plaisir. Les parents ne devraient jamais les forcer à jouer, même avec les meilleures intentions du monde. Idéalement, les enfants devraient faire leur apprentissage graduellement. Les parents devraient d'abord les inciter à les observer quand ils exercent leur shipping et leur putting dans leur arrière-cour. Les enfants vont évidemment vouloir se joindre à eux ; il faut alors que les parents puissent mettre des clubs à leur disposition.

Même quand l'enfant a acquis les rudiments du swing et du grip, les exercices pratiques doivent être exécutés dans une atmosphère détendue de compétition amicale et en vue d'objectifs réalistes. La plupart des enfants n'ont pas la capacité d'attention nécessaire pour peaufiner leur swing pendant des heures ; ils seront toutefois en mesure de le faire dès le début de l'adolescence. Avant cette période, ils ont besoin d'expérimenter des coups variés, sans s'attarder trop longuement sur des aspects particuliers du jeu. Ce n'est que lorsqu'un jeune golfeur a acquis la motivation nécessaire pour s'améliorer qu'on peut l'inviter à se concentrer sur certains aspects techniques.

ENCOURAGER LA PARTICIPATION À D'AUTRES SPORTS

Contrairement à ce que beaucoup de gens pensent, plusieurs grands joueurs n'étaient pas des golfeurs particulièrement enthousiastes dans leur enfance. Lee Westwood rêvait de devenir footballeur professionnel, Nick Aldo était un très bon cycliste avant de montrer un intérêt évident pour le golf à l'âge de 14 ans, tandis que le Sud-Africain Ernie Els était plutôt un passionné de rugby et de cricket, et était considéré comme un excellent joueur de tennis. Els n'a commencé à privilégier le golf qu'au milieu de son adolescence. Même Tiger Woods, qu'on imagine avec un club dans les mains durant toute son enfance, aimait bien pratiquer l'athlétisme et le base-ball.

Une excellente manière pour l'enfant de développer sa forme physique et sa coordination motrice consiste à pratiquer d'autres sports. Les parents ne doivent donc pas penser que sa participation à d'autres sports va l'empêcher de s'améliorer au golf.

SOUTENIR L'ENFANT DANS SON APPRENTISSAGE

Comme le golf peut être un sport très frustrant pour le débutant, les parents doivent être en mesure de soutenir leur enfant pendant son apprentissage. Dans ce sport, les marges d'erreur sont très étroites et il faut parfois beaucoup de temps pour que l'apprenti golfeur réussisse à prendre contact avec la balle, puis parvienne à la frapper avec adresse et détermination.

Les parents devraient faire preuve d'empathie durant les premiers stades difficiles de l'apprentissage. Ils s'efforceront de contenir leur frustration si leur enfant ne progresse pas aussi rapidement qu'ils le souhaitent. On ne peut pas devenir un bon golfeur du jour au lendemain. Tant que l'enfant s'efforcera d'assimiler les bases fondamentales du jeu en s'amusant à s'entraîner et à jouer, il pourra s'améliorer.

Si un jeune aspire à devenir un golfeur professionnel, ses parents se renseigneront pour connaître les voies possibles. Ils pourront ainsi l'aider à prendre la bonne décision et à élaborer un plan de carrière. Le jeune golfeur doit décider s'il aspire à travailler dans les clubs de golf ou sur les terrains d'exercice, ou s'il préfère gagner sa vie en participant à des tournois. Quel que soit son choix, ses parents devraient l'encourager à parfaire ses aptitudes en participant au plus grand nombre possible de compétitions pour jeunes.

Plus le jeune aura de l'expérience de compétition derrière la cravate, mieux il sera préparé pour sa carrière éventuelle. La compétition directe améliore non seulement la concentration, mais développe aussi la capacité de jouer sous pression. Pareillement, le stroke-play, style de jeu où chaque coup compte, permet de tester la maîtrise globale du jeu.

En plus des compétitions organisées par des clubs locaux, les jeunes peuvent participer à plusieurs tournois de niveau junior. Ces tournois donnent un aperçu de ce que peut être le golf de compétition de niveau professionnel. La participation à des circuits pour juniors peut cependant ne pas convenir à tous les jeunes golfeurs ; il incombe aux parents de veiller à ce que leurs enfants s'initient à leur propre rythme. Quel que soit le talent du jeune golfeur, il est primordial qu'il vive une vie équilibrée, avec d'autres champs d'intérêt que le golf. Les parents exigeants qui poussent trop leurs enfants parviennent rarement à en faire des golfeurs compétents.

Il est naturel pour des parents de désirer que leur enfant remporte des tournois, même à un très jeune âge, mais il est aussi important qu'ils le félicitent peu importe le score obtenu. Punir un enfant parce qu'il a mal joué peut exercer une pression plus forte sur l'enfant quand il jouera sa prochaine partie et aura peut-être pour effet de l'inciter à abandonner définitivement. Qu'il ait bien joué ou non, les parents doivent prendre le temps de rassurer leur enfant, par exemple en le serrant dans leurs bras quand il a complété le dix-huitième trou.

ASPIRER À DEVENIR PRO

DEUX CHOIX DE CARRIÈRE

Plusieurs jeunes golfeurs sont attirés par la vie trépidante et mondaine que mènent les stars du golf ; ils sont de plus en plus nombreux à désirer devenir des golfeurs de renommée internationale. Par contre, la compétition est féroce pour obtenir une place sur les circuits professionnels, sans parler des circuits majeurs ; le niveau de performance est fort élevé et en constante évolution. Pour la plupart des jeunes golfeurs, la meilleure option consiste à se joindre à un club de golf ou à un terrain d'exercice en tant qu'assistant d'un professionnel qualifié, et à suivre une formation pour obtenir un diplôme de la PGA. À court terme, les performances du jeune peuvent souffrir d'une combinaison associant les études, le travail dans une boutique de golf et l'apprentissage continu du sport ; s'il ne réussit pas à obtenir une place dans un tournoi professionnel, il pourra toutefois compter sur son diplôme de la PGA. Ce diplôme permet au joueur de travailler dans tous les clubs de golf et terrains d'exercice du Royaume-Uni et du continent européen.

PROFESSIONNEL DANS UN CLUB DE GOLF

Le golfeur qui parvient à obtenir un handicap de 4 ou moins peut s'inscrire pour devenir membre de la PGA. Plusieurs golfeurs débutent en tant qu'assistants d'un professionnel d'expérience lorsqu'ils sont adolescents, poursuivant leur apprentissage durant une période de quatre ans sous sa supervision. La formation donnée par la PGA aborde divers sujets : la vente au détail, le marketing, la réparation des clubs, la théorie du swing, la comptabilité et l'enseignement.

Bon nombre de jeunes ont toutefois l'impression que, une fois pros, ils passeront leur temps à jouer au golf. Malheureusement, c'est rarement le cas. La plupart des professionnels compétents tentent de laisser du temps à leurs assistants pour qu'ils puissent jouer et s'entraîner, mais pour le jeune qui travaille dans une boutique et qui étudie assidûment, ce temps est un surplus.

À la fin de leur formation, les professionnels nouvellement qualifiés obtiennent un diplôme. Le nouveau pro doit alors décider s'il va rester au service du professionnel senior dans le même club de golf ou s'il va faire des demandes d'emploi pour un poste de professionnel dans d'autres clubs ; s'il en a la compétence, il peut tenter de se qualifier pour une carte de tournoi. Il y a d'autres choix de carrière moins évidents au sein de la PGA, car, de nos jours, ce ne sont pas seulement les clubs de golf et les terrains d'exercice qui embauchent des professionnels ; les hôtels, les boutiques sportives et les écoles de golf recherchent (activement) une main-d'œuvre compétente et qualifiée. Un certificat de la PGA est très prisé.

PROFESSIONNEL DE COMPÉTITION

Le golf est devenu un sport si compétitif qu'il est maintenant très difficile de participer à des tournois majeurs sans avoir préalablement accumulé plusieurs années d'entraînement quotidien. Bien que certains golfeurs amateurs soient devenus professionnels et, à leur première tentative, se soient qualifiés pour un circuit majeur, ce sont des cas rares. La plupart des joueurs professionnels commencent au bas de l'échelle, en participant d'abord à des tournois mineurs ou secondaires, ce qui leur permet d'acquérir une précieuse expérience de compétition. Quand ils ont suffisamment d'expérience, ils sont prêts à entrer à la PGA European Tour Qualifying School (École de qualification pour le Circuit professionnel européen). Pourtant, même à ce stade, il n'y a aucune garantie qu'ils parviendront à se qualifier.

Pour accéder aux tournois majeurs, il faut un type de personnalité particulier ; ce ne sont pas forcément les joueurs les plus talentueux qui y parviennent. Qu'un jeune ait gagné tous les trophées possibles chez les amateurs et batte des records à chaque compétition ne signifie pas qu'il aura le tempérament approprié pour exceller sur le grand circuit. Au niveau le plus élevé du golf, la concentration est aussi importante que le savoir-faire technique. Tout joueur qui parvient à obtenir une carte de circuit professionnel est probablement déjà très fort sur le plan technique, mais au sommet, c'est davantage l'attitude que l'aptitude qui fait la différence.

Par exemple, le Suédois Per-Ulrik Johansson n'avait remporté rien de très significatif quand il était amateur, mais il remporta le Belgacom Open en 1991 lors de sa première année en tant que professionnel. Il connaît depuis une carrière exceptionnelle, ayant représenté l'Europe deux fois à la Coupe Ryder. Par contre, le Britannique Michael Welsh a remporté pratiquement tous les prix en tant que jeune golfeur amateur, mais depuis qu'il est devenu pro, il n'a pas encore réussi à faire un percée sur les circuits.

Règle générale, les professionnels qui connaissent du succès ont une confiance en soi très forte et sont très égocentriques. C'est peut-être un jugement un peu brutal, mais il faut un certain degré d'arrogance pour croire fermement, lors du premier coup de départ dans un tournoi, que vous allez gagner. Or, c'est précisément ce niveau de confiance en soi qu'un jeune golfeur doit atteindre pour être capable de réaliser ses ambitions.

Il y a également le style de vie. Les joueurs affirment qu'il faut au moins une saison entière pour s'habituer aux déplacements constants. Voyager un peu partout dans le monde chaque semaine peut sembler très stimulant (comme gagne-pain), mais l'excitation de séjourner dans des salles d'embarquement, de s'asseoir dans des sièges d'avion inconfortables et de vivre en nomade devient vite lassante, surtout si un vol vous ramène chez vous un vendredi après-midi et non un dimanche soir, parce que vous ne vous êtes pas qualifié pour une compétition.

Cette vision de la carrière de professionnel de compétition peut sembler pessimiste à première vue, mais il est important que les jeunes golfeurs saisissent bien tous les aspects de ce style de vie. Bien sûr, si un joueur devient célèbre, les inconvénients perdent de leur importance. Avec un compte en banque de plusieurs millions de dollars et un jet privé, un joueur de calibre international peut avoir un style de vie attrayant. Mais la compétition pour atteindre ce niveau est très féroce.

LES LEÇONS D'INITIATION – L'IMPORTANCE DES PRINCIPES DE BASE

Le joueur qui n'a pas une compréhension profonde des principes de base du jeu risque de voir son swing se traduire en désastre. Le golfeur qui vise n'importe comment, qui néglige son grip et sa posture devra compenser plus tard ces lacunes dans l'exécution de son swing, et plus il compensera, plus les choses risquent de mal tourner.

Les pros de compétition consacrent davantage de temps à peaufiner leur posture à l'adresse et à s'attarder aux complexités de cette position qu'à d'autres aspects du jeu. Les grands joueurs savent qu'un mauvais swing découle, dans 99 % des cas, d'une erreur dans leur position à l'adresse. Les jeunes golfeurs devraient suivre l'exemple de joueurs tels Nick Faldo, Greg Norman et Ernie Els en revenant constamment aux principes de base du jeu.

L'ENSEIGNEMENT DES PRINCIPES DE BASE, UNE AFFAIRE DE PROS

Avant de montrer à un enfant comment swinguer correctement, il est primordial qu'il connaisse bien les principes de base du jeu. Sous la supervision d'un instructeur qualifié de la PGA, les jeunes devraient apprendre la manière de tenir un club, de former un stance idéal, d'orienter correctement la face du club et d'adopter une bonne posture. Les parents devraient résister à la tentation d'enseigner eux-mêmes à leurs enfants les aspects fondamentaux du swing, car il est difficile de modifier, quelques années plus tard, les mauvaises habitudes prises durant l'enfance. Les enfants doivent partir du bon pied en apprenant les principes de base d'un instructeur qualifié.

John Jacobs, professeur de golf réputé, a déjà affirmé n'avoir jamais rencontré un « bon golfeur qui joue avec un mauvais grip ». C'est une observation peut-être excessive, mais l'argument sur lequel il la fonde (à savoir qu'un bon grip est le secret d'un bon swing) reste valable. Le grip est le seul point de contact du joueur avec le club, d'où l'attention qu'on doit lui porter.

Un grip neutre, dans lequel ni la main gauche ni la droite ne dominent, augmente les chances du joueur d'orienter correctement la face du club vers la ligne de visée au point d'impact. Le grip va également déterminer la manière dont les poignets vont pivoter, l'allure du swing et la puissance de frappe qui en résultera.

LE BON GRIP
(LA MEILLEURE PRISE)

CONSEIL AUX PARENTS

ÉVITEZ DE RECOMMANDER UN GRIP TROP SERRÉ

Certains instructeurs recommandent aux jeunes qui débutent de tenir le club au moyen d'un grip plus serré. Ils invoquent l'argument que les jeunes sont en période de croissance en force et en taille, et qu'un grip plus serré leur permettra de relâcher le club plus facilement. On ne devrait pourtant pas conseiller cette approche dans la plupart des cas. Les mauvaises habitudes, surtout celles qui concernent les principes de base du swing, auront tendance à persister par la suite ; il est donc préférable d'apprendre à tenir le club correctement aussitôt que possible pour en faire un automatisme.

LE GRIP PARFAIT EN QUATRE ÉTAPES

Les grands joueurs portent une attention particulière à la manière de former leur grip et les jeunes golfeurs devraient faire preuve de la même minutie. Un bon grip doit être formé aussi naturellement que possible. Quand un joueur se tient debout normalement et laisse ses bras pendre verticalement de manière naturelle, les paumes de ses mains et ses avant-bras vont tourner légèrement vers ses cuisses. On peut ainsi montrer aux golfeurs comment leurs mains doivent se positionner sur un club. Ils doivent adopter cette méthode pour s'assurer qu'ils tiennent correctement le club. Quand ses mains prennent cette position, le joueur augmente de beaucoup ses chances de frapper un coup puissant et précis. Les exemples des pages suivantes représentent des golfeurs droitiers ; les gauchers n'ont qu'à inverser gauche et droite.

1 Les joueurs doivent exécuter leur prise à partir de la base des doigts de la main gauche. L'index prend position un peu comme s'il était appuyé sur la détente d'une arme.

2 En refermant ses mains autour du club, le joueur doit être en mesure de voir deux ou trois jointures sur sa main gauche. Le pouce gauche doit venir se poser légèrement du côté droit du grip et pointer vers le bas.

3 Quand le joueur positionne sa main droite autour du club, le grip doit reposer sur les doigts de sa main gauche.

4 Le grip est correctement formé quand le joueur referme sa main droite de sorte que le creux de sa paume droite se pose au-dessus de son pouce gauche, le recouvrant entièrement. Ce grip est correctement effectué lorsque le joueur est en mesure de voir les deux jointures de sa main droite.

CONSEIL PRATIQUE

ENROULEZ LES DOIGTS POUR OBTENIR UNE PUISSANCE ACCRUE

Une erreur commune chez la plupart des golfeurs, quels que soient leur âge et leur niveau, est la tendance à trop saisir le club dans la paume de la main ; c'est toutefois une erreur difficile à déceler, car le grip peut sembler correct vu de l'extérieur. Ce grip peut sembler à première vue plus ferme et plus puissant, mais le joueur frappera un coup qui ira moins loin, car les poignets ne peuvent pivoter parfaitement. Imaginez que vous lancez un galet au-dessus d'un étang. Votre instinct vous dicte de tenir la pierre enroulée autour de vos doigts et de la projeter d'un coup sec d'un mouvement du poignet. Vous n'iriez jamais enrouler le galet dans le creux de votre main ; c'est la même chose au golf. Si le swing d'un joueur manque de « vitalité », c'est probablement à cause d'un mauvais grip.

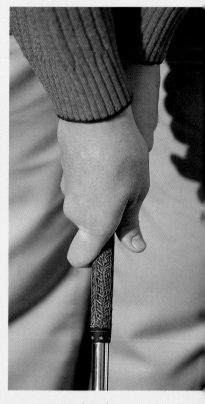

LE GRIP NEUTRE

Quand il effectue un grip neutre, le joueur doit être en mesure d'apercevoir le même nombre de jointures sur chaque main.

LE GRIP SERRÉ

Si le joueur aperçoit plus de trois jointures sur sa main gauche et moins de deux jointures sur l'autre main, alors le grip est trop serré.

LE GRIP RELÂCHÉ

Si le joueur aperçoit moins de deux jointures sur sa main gauche et plus de deux sur l'autre main, alors son grip est trop relâché.

CONSEIL EN MATIÈRE D'ÉQUIPEMENT

VÉRIFIEZ L'ÉPAISSEUR DU GRIP SUR LE CLUB

Un joueur qui s'entraîne avec des clubs dont le grip est trop mince ou trop épais pour ses mains éprouvera de la difficulté à adopter une prise correcte. Il pourrait avoir peine à refermer ses mains autour du club si le grip est trop épais, ce qui l'empêchera de faire pivoter ses poignets adéquatement durant le backswing et de relâcher le club à l'impact. Il en résultera probablement un slice (faible coup où la trajectoire de la balle s'incurve vers la droite). Si, par contre, le grip semble être trop mince dans les mains du joueur, il y a de bonnes chances pour que celles-ci s'agitent, ce qui pourrait résulter en un coup dont la trajectoire dévie vers la gauche (hook) ou en un coup frappé directement à la gauche de l'objectif (pull). Avec un grip de l'épaisseur convenable, la pointe des doigts doit effleurer le coussinet des mains quand le joueur tient le club.

TROIS POSSIBILITÉS DE GRIP

Il y a plusieurs manières de refermer ses mains autour d'un club. Tiger Woods et Jack Nicklaus préfèrent le grip entrecroisé, mais la plupart des autres joueurs de ce niveau utilisent le grip superposé ou grip Vardon, tandis que plusieurs instructeurs recommandent aux jeunes de s'initier d'abord au grip juxtaposé. Comme c'est une question de préférence personnelle, les jeunes auront intérêt à essayer les trois pour trouver celui qui leur semble le plus confortable.

LE GRIP JUXTAPOSÉ

Ce grip est souvent recommandé aux jeunes golfeurs. Les 10 doigts de la main sont posés sur le club, comme sur une batte de base-ball, sans s'entrecroiser ; ainsi les mains sont plus mobiles et plus libres, ce qui permet aux poignets de pivoter plus facilement et de mieux relâcher le club.

LE GRIP VARDON

Baptisé en l'honneur du golfeur anglais Harry Vardon, on l'appelle également grip superposé. Le petit doigt de la main droite repose sur l'extrémité entre l'index et le majeur de la main gauche. C'est le grip le plus courant chez les golfeurs qui possèdent un handicap bas.

LE GRIP ENTRECROISÉ

Le grip entrecroisé, utilisé par Tiger Woods, est celui que les joueurs aux petites mains préfèrent. Il est semblable au grip Vardon, à la différence que l'auriculaire de la main droite et l'extrémité de l'index gauche s'entrecroisent plutôt que de se superposer.

LA POSTURE
À L'ADRESSE
(POSITION INITIALE)

La position initiale d'un joueur par rapport à la balle se nomme « posture à l'adresse ». Cette posture influe beaucoup sur le résultat de tout coup. La plupart des coups médiocres étant causés par des erreurs à l'adresse, les golfeurs doivent s'efforcer que leur stance, leur alignement et leur posture soient correctement exécutés.

LA POSTURE DÉTERMINE LE SWING

Il y a deux bonnes raisons pour lesquelles une posture correcte est essentielle à l'adresse. Premièrement, un joueur qui adopte une posture correcte et équilibrée pourra plus facilement transférer son poids durant les étapes du swing et, par conséquent, frapper la balle avec puissance. Deuxièmement, les angles créés par la position du corps vont déterminer la forme et l'allure du swing et, par conséquent, son efficacité et sa puissance.

Le secret d'une posture correcte à l'adresse réside dans son caractère le plus naturel possible. Le joueur ne devrait pas trop incliner les hanches ni fléchir les genoux au point que son postérieur touche presque au sol. Pour obtenir une posture correcte, le joueur doit saisir le club et le lever devant lui jusqu'à ce que la tige soit parallèle au sol. Il doit alors se pencher vers l'avant à partir des hanches, en gardant le bas de son dos bien droit. Si ce mouvement est bien exécuté, les fesses du joueur devraient ressortir un peu, alors qu'il rabat son club vers le sol. Finalement, le joueur gardera les genoux suffisamment fléchis pour donner un peu d'élasticité aux jambes, mais pas trop, car il y aurait perte de hauteur.

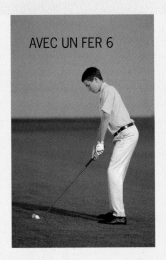

AVEC UN FER 6

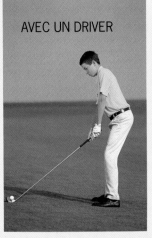

AVEC UN DRIVER

MODIFIER SA POSTURE EN FONCTION DU CLUB UTILISÉ

Examinez ces deux photos, vous constaterez que la posture du joueur se modifie en fonction du club utilisé. Comme le driver possède une tige plus longue et un angle d'ouverture plus plat, le joueur doit adopter une posture un peu plus droite que lorsqu'il utilise des fers intermédiaires, plus courts et plus droits que le driver. Les clubs les plus petits et les plus droits sont les fers courts et les wedges, qui obligent les joueurs à incliner davantage le buste vers l'avant afin que le club touche au sol.

CONSEIL PRATIQUE

GARDEZ LES GENOUX SUFFISAMMENT FLÉCHIS

La plupart des joueurs sont conscients qu'ils doivent garder leurs genoux fléchis à l'adresse ; pourtant, un grand nombre (adultes ou jeunes) ignorent jusqu'à quel point. Il faut savoir qu'une flexion trop prononcée ou trop légère entraînera pareillement un mauvais swing. Les genoux doivent être légèrement fléchis. Pour savoir à quel point, il suffit de se placer devant un grand miroir : il faut fléchir les genoux sans diminuer de taille. C'est le degré de flexion approprié.

LE STANCE
(POSITION DES PIEDS)
ET LA POSITION DE LA BALLE

La largeur du stance (position des pieds) et la position de la balle varient selon le club utilisé. Comme l'objectif d'un driver est, en règle générale, la vitesse, une bonne largeur de stance est indiquée. En revanche, avec les fers courts et moyens, utilisés avant tout pour la précision, le stance ne doit pas être aussi large.

AVEC LE DRIVER

La largeur du stance devrait idéalement correspondre à la largeur des épaules du joueur. Un stance trop étroit peut causer une perte d'équilibre durant le swing, tandis qu'un stance trop large empêchera les hanches et les épaules de pivoter complètement.

De plus, en raison du loft plutôt réduit sur la face du club, le joueur devrait, au moment du backswing, viser à frapper la balle légèrement pour l'expédier en l'air. La balle doit donc être placée bien en avant du stance, vis-à-vis du pied gauche.

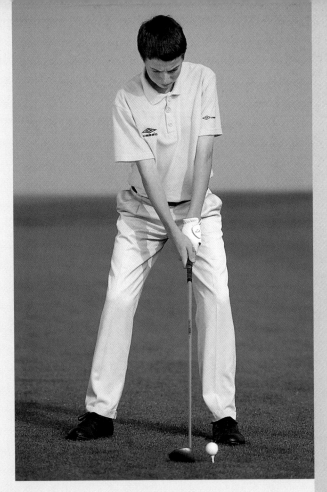

DEUX FAÇONS D'ENVISAGER LA POSITION DE LA BALLE

Il existe deux écoles de pensée en ce qui concerne la position de la balle. La première soutient que la balle doit être jouée à environ 2,5 cm de l'intérieur du talon gauche si on utilise un driver, puis se rapprocher vers le milieu du stance avec des clubs de plus en plus courts jusqu'à se trouver positionnée à peu près au milieu des pieds du golfeur avec un wedge.

La deuxième théorie soutient que la position de la balle devrait demeurer inchangée ; elle devrait se trouver vis-à-vis de l'aisselle la plus en avant, quelle que soit la longueur du club. Un grand nombre d'instructeurs croient que cette approche résulte en un swing plus uniforme, la largeur du stance restant la seule variable déterminante à l'adresse.

Chaque théorie a ses avantages et ses défenseurs. Les jeunes golfeurs doivent, comme toujours, être incités à expérimenter les diverses approches proposées pour faire le meilleur choix.

AVEC LES FERS

Avec des fers plus courts ou un wedge, le stance ne doit pas être aussi large qu'avec un driver. L'écartement des pieds devrait correspondre à la largeur des épaules avec un fer moyen, et il devrait être un peu plus étroit avec un wedge. Les fers courts sont conçus pour entrer en contact avec la balle au moyen d'une frappe légèrement descendante ; par conséquent, plus le club est court, plus la position de la balle doit se rapprocher vers le milieu du stance.

AVEC UN FER 6

AVEC UN PITCHING WEDGE

La plupart des golfeurs amateurs portent très peu attention à leur alignement à l'adresse ; pourtant, tous les golfeurs professionnels y accordent tellement d'importance que c'en est une obsession. La plupart des amateurs éprouvent des difficultés à frapper la balle en ligne droite, tandis que les grands joueurs sont capables de viser l'objectif avec une précision d'horloger. Pas besoin d'être un génie pour réussir cet exploit, car n'importe qui peut frapper la balle avec précision à la condition d'aligner correctement son corps et la face de son club en fonction de l'objectif, peu importe la qualité et la puissance de son swing.

La chose principale qu'un jeune doit se rappeler est la suivante : bien que le joueur doive toujours aligner la face du club vers l'objectif, ses pieds, ses hanches et ses épaules doivent toujours être parallèles à la trajectoire et à gauche de celle-ci (à droite s'il est gaucher). Si cette explication vous semble un peu nébuleuse, imaginez une voie ferrée. La balle, la face du club et l'objectif représentent le rail extérieur de la voie, alors que vos pieds et vos épaules correspondent au rail intérieur.

UN ALIGNEMENT CORRECT

CONSEIL PRATIQUE

DEMANDEZ À UN AMI DE VÉRIFIER VOTRE ALIGNEMENT

Il est difficile de vérifier son propre alignement en prenant position derrière la balle. Vous pouvez poser un club sur le sol, parallèle à l'objectif, pour vous aligner correctement quand vous vous entraînez. Mais il est préférable de demander à un ami de vérifier votre alignement. Pouvoir compter sur une seconde paire d'yeux pour vérifier sa posture à l'adresse est d'une utilité précieuse, car les défauts à l'adresse, aussi minimes soient-ils, peuvent affecter considérablement l'exécution du swing.

Si vous regardez les grands joueurs à l'œuvre, vous vous apercevrez que chacun, sans exception, a établi une routine de jeu qui précède toujours l'exécution d'un coup. Qu'il s'agisse d'un coup de départ ou d'un simple coup d'approche avec un pitching wedge, la routine est toujours la même.

Il y a plusieurs raisons pour lesquelles les grands joueurs portent une telle attention à ces préliminaires. D'abord, ils savent que la qualité de leurs coups dépend en grande partie de la qualité de leurs techniques de base (par exemple, leur grip sur le club et leur posture à l'adresse). En répétant ces techniques dans leur routine, ils sont davantage en mesure d'adopter la posture correcte à l'adresse.

En second lieu, les être humains sont des créatures d'habitudes. Nous exécutons des tâches de manière beaucoup plus efficace quand nous les avons répétées maintes fois. Si la routine est suffisamment incrustée, elle deviendra automatisme dès que le club est sorti du sac. Et si la première partie de la routine demeure la même chaque fois, la dernière partie (dans ce cas-ci, l'exécution du swing) sera également identique.

Voyons, par exemple, Nick Faldo. Si vous chronométrez sa routine préliminaire à partir du moment où il prend un club dans son sac jusqu'à ce qu'il commence l'exécution de son backswing, vous vous rendrez compte qu'elle ne variera pas plus qu'une fraction de seconde à chaque coup. Et si Faldo

LA ROUTINE PRÉLIMINAIRE

est dérangé par quelque chose pendant sa routine, il la recommencera du début, quitte à remettre le club dans son sac et à l'en retirer de nouveau.

La routine préliminaire d'un joueur lui est tout à fait propre et comporte son lot de manies. Il est conseillé aux jeunes golfeurs d'incorporer plusieurs étapes dans leur routine. Première étape : après avoir fait l'évaluation de son prochain coup et choisi le club approprié et sa stratégie de jeu, le joueur devrait se placer directement derrière la balle pour viser l'objectif et visualiser le coup qu'il s'apprête à frapper (1). L'étape suivante pour un joueur droitier consiste à s'approcher de la balle du côté gauche et à avancer le pied droit en posant la face du club derrière la balle, la main droite alignée sur l'objectif visé (2). Le joueur complétera son stance en avançant le pied gauche, tout en s'assurant que ses deux pieds soient parallèles à la trajectoire, mais à gauche de l'objectif (3). Lorsqu'il a posé sa main gauche sur le grip, le joueur vérifie la ligne de visée, tout en imprimant au club un mouvement préliminaire rapide pour soulager la tension dans ses avant-bras ; il peut alors amorcer l'exécution de son swing (4).

Exercez-vous toujours avec efficacité. Prenez l'habitude de poser un parapluie ou un club parallèlement à votre ligne de visée afin de vérifier votre alignement. Profitez de ce moment pour parfaire votre routine aussi bien que votre swing.

3

4

LE JEU LONG

Il y a un vieux dicton du golf qui affirme : « Votre coup de départ épate la galerie, mais c'est votre putt qui vous enrichit. » Comme la plupart des clichés, ce dicton est basé sur une généralisation. Le putting est sans doute un aspect très important du golf, mais on pourrait en dire autant du jeu long. Après tout, c'est seulement lorsque le jeu long est bien exécuté et qu'il vous permet d'arriver au green rapidement que vous avez la possibilité d'exécuter des putts pour réussir des birdies ou des pars.

Le joueur qui frappe loin et droit pourra exécuter des coups d'approche de plus courte distance et, par conséquent, effectuer moins de putts pour réussir des birdies ou des pars et obtenir un meilleur score. Le golfeur qui atteint une bonne distance lors d'un coup de départ (conjuguée à une certaine précision) bénéficie d'un énorme avantage, car il pourra utiliser un club ayant un loft plus élevé à son coup suivant. Si vous voulez vous en convaincre, regardez certaines vedettes : Tiger Woods, David Duval, Ernie Els, Davis Love III et Colin Montgomerie sont réputés davantage pour leur adresse au jeu long que pour leur jeu court et leur putting.

Avec ces idées stimulantes en tête, nous allons maintenant examiner en détail les techniques du swing et du jeu long.

LE SWING
(L'ÉLAN)

Une des meilleures façons de s'initier au swing consiste à étudier la technique des plus grands joueurs. Le Suédois Per-Ulrik Johansson possède une des techniques de swing les plus efficaces dans l'univers du golf professionnel. Son savoir-faire peut être très enrichissant pour l'apprentissage de la plupart des jeunes golfeurs.

LE SWING EN RÉSUMÉ - VUE DE FACE →

1 Quand il effectue un swing avec un fer, le joueur doit poser les mains légèrement en avant de la balle (comme le montre Per-Ulrik), le poids distribué également sur les deux pieds et l'écart entre les pieds correspondant à la largeur des épaules.

2 La tête du club reste proche du sol pendant le début du backswing. Pendant ce temps, les épaules du joueur commencent à tourner par suite du mouvement des bras qui amorce l'élan.

1 À l'adresse, Per-Ulrik adopte une posture athlétique, le corps aligné bien perpendiculairement par rapport à l'objectif. Les angles créés par la position du corps seront maintenus durant toutes les étapes du swing.

2 Au sommet du backswing, les mains se retrouvent au-dessus de l'épaule gauche, la tige du club perpendiculaire par rapport à la ligne de visée. Vous constaterez que l'inclinaison de la colonne vertébrale est restée la même qu'à l'adresse, ainsi que le degré de flexion des genoux.

3 À l'impact, les hanches de Per-Ulrik sont ouvertes vers l'objectif, alors que la position de ses épaules demeure pratiquement inchangée.

4 Même durant le followthrough, vous constatez que les angles formés à l'adresse sont restés les mêmes.

3 Le temps que le joueur parvienne au sommet du back-swing, ses poignets se seront infléchis et ses épaules auront tourné à un angle de 90°. Notez bien la flexion des deux genoux de Per-Ulrik, surtout la position du genou droit, qui est demeurée stable malgré le pivotement du torse.

4 Un downswing correct débute au-dessus du sol. À partir du sommet du swing, le joueur aligne son genou gauche vers l'objectif et commence à dégager ses hanches. Il doit aussi maintenir l'angle de ses poignets le plus longtemps possible durant tout le downswing.

5 Voici le moment crucial. À l'impact, la tige du club et le bras gauche doivent être rectilignes le plus possible afin d'obtenir un maximum de puissance de frappe. Le joueur doit transférer la majeure partie de son poids sur son côté droit

6 Un bon followthrough résulte d'un swing correctement exécuté. Le joueur doit maintenant transférer son poids sur son pied avant et son torse doit faire face à l'objectif. Tous les crampons de la chaussure du pied arrière doivent être visibles.

TROIS RÈGLES POUR RÉUSSIR UN BON SWING (ÉLAN)

En raison de sa vitesse et de sa complexité, il peut être difficile de décomposer les différentes étapes du swing. Ce n'est pourtant qu'en analysant chacune de ces phases qu'on peut repérer et corriger les erreurs. Pour les besoins de ce manuel, nous abordons le swing en trois étapes.

EXERCICE

LE MEILLEUR EXERCICE : LE PIVOT

Cet exercice devrait être effectué le plus souvent possible, car c'est la meilleure manière d'acquérir une position correcte. Le joueur doit adopter une position normale et, tenant le club derrière son dos, tourner les épaules de sorte que la tige du club pointe devant lui. En faisant pivoter ses épaules, il doit maintenir l'inclinaison de sa colonne et empêcher son genou droit de tourner, ce dernier légèrement fléchi. Si cet exercice est correctement effectué, le joueur devrait éprouver une légère tension dans sa cuisse gauche. Dans le downswing, il doit pivoter de façon à adopter la position du followthrough, tout en maintenant la position de sa colonne et en gardant les genoux fléchis.

RÈGLE NUMÉRO 1.
MAINTENIR LA POSITION INITIALE TOUT AU LONG DU SWING

Pour frapper la balle avec régularité, il faut garder les genoux fléchis et maintenir l'inclinaison de la colonne pendant toute la durée du swing. La modification de cette inclinaison ou le raidissement des jambes entraînerait une déviation du club, qui résulterait en un coup imprévisible et médiocre.

Dans la séquence illustrée ci-dessus, le joueur maintient l'inclinaison de sa colonne, même jusqu'au followthrough.

RÈGLE NUMÉRO 2.
QUAND LES BRAS SWINGUENT, LES POIGNETS S'INFLÉCHISSENT

Lorsque le joueur amorce le backswing en maintenant le genou droit fléchi, le poids de la tête du club devrait automatiquement forcer ses poignets à s'infléchir et ainsi faire en sorte que la tige du club pointe vers le ciel. Ce mouvement des poignets permet d'emmagasiner de la puissance qui servira ultérieurement dans le swing.

Il se peut que les poignets du joueur ne soient pas infléchis correctement, ce qui est dû généralement à un mauvais grip. En relâchant un peu la pression sur le club, le joueur sentira mieux le poids de la tête du club. Ses poignets seront donc plus souples, car il est primordial d'avoir les poignets détendus et infléchis correctement pour fouetter la balle dans la zone d'impact. Il faut donc encourager les joueurs à maintenir leurs poignets infléchis à 90 degrés, si nécessaire. Si la prise est correctement effectuée, le joueur pourra plus facilement maîtriser le mouvement de ses poignets.

RÈGLE NUMÉRO 3.
POUR UNE PUISSANCE MAXIMUM, RELÂCHER LE CLUB

En tenant pour acquis que votre élève maintient l'inclinaison de sa colonne de la bonne manière et garde ses poignets détendus et correctement infléchis durant le backswing, la seule chose dont il doit maintenant se soucier consiste à relâcher suffisamment le club durant l'impact. Si vous avez déjà joué au tennis et frappé une balle comme seul un pro sait le faire, vous aurez déjà une idée de la manière dont un club doit être relâché.

Durant le downswing, le joueur doit s'assurer que son avant-bras droit se place sur le gauche, ce qui se traduit par un léger hook de la balle, dont le vol initial s'orientera légèrement vers la droite.

À L'ADRESSE AVEC LE DRIVER

Le plus important quand on swingue avec un driver, c'est que le club frappe la balle à une vitesse maximale. Pour y parvenir, l'apprenti golfeur doit adopter un stance correct et ferme. Demandez-lui d'écarter ses pieds d'une largeur correspondant à celle des épaules.

L'objectif ici est de fouetter la balle à un angle d'attaque faible pour qu'elle quitte le tee et s'envole. Pour se faciliter la tâche, le joueur doit transférer son poids sur le côté droit à l'adresse, et il doit placer la balle bien en avant dans le stance, vis-à-vis de l'intérieur du talon gauche. Ses mains doivent se trouver directement au-dessus de la balle, ou très légèrement derrière, à l'adresse.

On commence le swing en soulevant doucement le driver, la tête du club demeurant proche du sol, ce qui favorise un takeaway ou amorce ample. Le driver étant le plus long des clubs, il faut inciter les jeunes à prendre toute la place nécessaire pour une bonne exécution.

LE SWING AVEC LE DRIVER

FOUETTER LA BALLE AVEC LE DRIVER

Le driver, généralement utilisé pour effectuer des coups de départ sur des trous de pars 4 et 5, est le club qui possède la grande puissance de frappe. C'est aussi le plus long et le plus impardonnable des clubs ; c'est la raison pour laquelle la position de départ et le swing doivent être exécutés avec le plus de précision possible. Les joueurs peuvent se permettre des petites erreurs d'exécution lorsqu'ils frappent avec des fers plus petits, mais ce n'est pas le cas avec le driver, où les fautes sont irréparables.

2 Au sommet du back-swing, la tige doit être parallèle au sol. Il est très important que les joueurs maîtrisent cette position. Pour y parvenir, ils doivent maintenir leurs genoux droits fléchis et, par conséquent, éviter de transférer leur poids sur l'extérieur du pied droit.

3 Afin de maximiser la puissance de frappe, le golfeur doit s'assurer que la transition entre le backswing et le downswing se fasse en souplesse. Tout sursaut va briser le rythme et peut entraîner une perte de puissance de frappe et de distance.

4 À l'impact, le bras gauche et le club doivent être rectilignes, la face du club fouettant la balle dans un élan légèrement vertical et s'éloignant du corps.

5 Le finish. Le poids du joueur doit reposer sur sa jambe gauche et ses orteils droits. Son torse doit faire face à l'objectif.

CONSEILS PRATIQUES

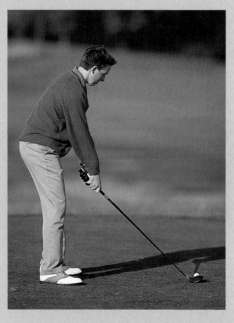

LE TEE À LA BONNE HAUTEUR
Le but premier du driver consiste à fouetter la balle hors du tee. La hauteur du tee est un facteur mineur, mais quand même important à considérer. Vous devriez idéalement être capable, à l'adresse, d'apercevoir la moitié supérieure de la balle au-dessus de la tête du club.

VISEZ DES PETITS OBJECTIFS POUR AMÉLIORER VOTRE PRÉCISION
Si un jeune n'arrive pas à obtenir toute la précision voulue, on peut lui conseiller ce simple truc, très en vogue chez les pros. Au lieu de viser n'importe quel endroit sur le fairway, demandez-lui de choisir un petit objectif bien précis, comme une branche d'arbre, une cheminée de maison ou n'importe quel objet qui peut être visé. En visant ainsi, le jeune réduira sa marge d'erreur et enverra à son cerveau un message très clair. Plus grand sera l'objectif, plus grande sera la marge d'erreur.

LA GESTION DE PARCOURS

Il faut de la patience, une bonne stratégie de jeu et de l'intelligence pour être en mesure de composer avec un parcours de golf, du premier trou au dernier, en évitant prudemment les bunkers, les obstacles d'eau et les fossés. En somme, il faut savoir gérer le parcours, tâche dans laquelle tous les grands joueurs sont passés maîtres. Une bonne qualité de golf est un golf qui respire l'intelligence ; pour devenir de très bons joueurs, les jeunes doivent ainsi développer leurs aptitudes de gestion de parcours.

ÉTABLIR UNE STRATÉGIE DE JEU

Lors du coup de départ, les joueurs doivent avoir une stratégie de jeu pour chaque trou. D'abord, il faut décider quel côté du fairway permet le meilleur angle d'attaque vers le green. Par exemple, s'il y a des bunkers qui protègent le côté avant droit du green, il sera plus sécuritaire de frapper un coup d'approche du côté gauche du fairway ; par conséquent, il ne sera pas nécessaire de frapper la balle par-dessus le bunker.

Le golfeur doit ensuite s'assurer que son coup suivant n'atterrira pas dans un obstacle, comme un bunker ou un obstacle d'eau. Si la voie choisie comporte un obstacle, le joueur doit pouvoir choisir un club dont la puissance de frappe ne sera pas assez forte pour que la balle atteigne l'obstacle ou il doit être capable de le surmonter. Par contre, s'il prévoit des obstacles trop nombreux, il devra revoir sa stratégie. Les meilleurs joueurs sont ceux qui ont établi un plan de match, mais qui ne craignent pas de le modifier au besoin.

PROFITER AU MAXIMUM DU TERTRE DE DÉPART

Au golf, tous les détails sont importants. Selon la configuration du trou, la plupart des grands joueurs vont frapper leur coup de départ sur le côté du tertre qui leur offre la trajectoire la plus sécuritaire pour atteindre le fairway.

Colin Montgomerie, par exemple, qui aime exécuter des fades (coups dont la balle s'incurve légèrement de gauche à droite pendant son vol), va donc se poster sur le côté droit de l'aire de départ et viser l'extrémité gauche du fairway. Par conséquent, il vise alors tout le fairway.

SUR UN TROU DE PAR 5, FRAPPER À LA DISTANCE PRÉFÉRÉE

Une bonne habitude que les apprenti golfeurs devraient adopter consiste à frapper à leur distance préférée sur les trous de par 5. Plutôt que de s'efforcer d'envoyer la balle le plus loin possible, au risque qu'elle atterrisse dans un obstacle, la majorité des grands joueurs tentent de se réserver un coup ultérieur d'environ 90 mètres (100 yards) vers le green. Si le green est hors d'atteinte, il faut encourager les jeunes à jouer un coup qui leur permettra par la suite de frapper un coup d'approche vers le green à l'aide de leur club favori.

EFFECTUER LE COUP D'APPROCHE VERS UN ENDROIT SÉCURITAIRE DU GREEN

Si vous regardez les tournois professionnels de golf à la télévision, vous constaterez que les pros ne visent pas toujours le drapeau lorsqu'ils effectuent leur coup d'approche vers le green. C'est parce que ceux qui entretiennent les greens aiment placer les trous dans des endroits difficiles d'accès, par exemple derrière un bunker ou à proximité d'un obstacle d'eau. Ce sont de véritables pièges et seul un golfeur malavisé visera un tel drapeau.

Dans ces situations-là, les pros viseront plutôt un endroit sécuritaire sur le green, car ils savent bien que s'ils visent le drapeau piège et ne réussissent pas leur coup, leur balle risque fortement d'atterrir dans un obstacle d'eau ou un bunker. Ce n'est pas une stratégie de jeu négative, c'est une stratégie intelligente.

AU PIRE, UN BOGEY

La plupart des jeunes golfeurs qui éprouvent des difficultés sur un parcours empirent les choses en tentant de jouer un coup de récupération miraculeux.

Colin Montgomerie a l'attitude suivante : lorsqu'il frappe un coup médiocre, il s'assure que le pire score qu'il obtiendra sera un bogey. Par exemple, si sa balle a atterri dans un boisé sur un trou de par 4 (chose qui lui arrive rarement) et qu'il s'est rendu compte que le coup suivant ne pourra atteindre le green de manière sécuritaire, il va effectuer un coup lui permettant d'atteindre le green avec son troisième coup, même s'il doit effectuer des chips sur les côtés pour revenir sur le fairway.

Cela ne signifie pas qu'on doit inciter les jeunes à se résigner à un bogey chaque fois qu'ils ratent un coup. Au contraire, ce qui rend le golf si excitant est la capacité d'utiliser son imagination pour risquer certains coups de rattrapage. Les jeunes doivent cependant apprendre à évaluer soigneusement leurs chances de réussir de tels coups. S'ils doutent du succès, il est préférable qu'ils choisissent une option plus sécuritaire et s'assurent que leur pire score soit un bogey.

Lorsque vous trouvez votre balle quelque part au milieu des arbres, il est préférable d'effectuer des chips vers le fairway.

CONSEILS PRATIQUES

SACHEZ QUELLES DISTANCES VOUS POUVEZ ATTEINDRE

Même les jeunes golfeurs doivent pouvoir déterminer à quelle distance il peuvent envoyer la balle avec chaque club, car ils pourront ainsi effectuer leurs coups d'approche avec confiance. S'ils ne le savent pas, il ne sauront pas vraiment quel club utiliser pour un coup donné. Frappez 10 balles avec chaque club, ne tenez pas compte des deux meilleurs coups et des deux pires, puis calculez la distance moyenne des six autres coups. Vous aurez une idée précise de la distance que vous pouvez atteindre avec chaque club.

VOUS POUVEZ FRAPPER UNE BALLE LONGUE À PARTIR DU ROUGH

Plusieurs joueurs ne s'attendent pas à frapper la balle très loin dans l'herbe longue ; c'est toutefois possible à l'occasion et la balle peut même parcourir une plus longue distance qu'à partir du fairway. Ce coup s'appelle « balle longue » et se produit lorsque des brins d'herbe restent emprisonnés entre la balle et la face du club lors de l'impact. La balle ira alors plus loin que la normale.

LE JEU COURT :

TECHNIQUES DE BASE, ÉVALUATION DES DISTANCES ET VISUALISATION

Effectuer des drives étourdissants et frapper des coups puissants avec un fer peut sembler impressionnant à première vue, mais quelle que soit la régularité d'un joueur tout au long du parcours, celui-ci aura toujours à effectuer des chips et des putts pour atteindre le par à chaque trou. Même les meilleurs joueurs ne réussissent que 13 à 14 trous « à la régulière ». Cela veut dire que des joueurs de la trempe de Tiger Woods doivent souvent compter sur leur jeu court pour maintenir leur score.

Il ne sert à rien de parvenir au green en deux coups si par la suite on doit en frapper trois pour atteindre la cible. Selon les pros du golf, les meilleurs joueurs sont ceux qui peuvent obtenir des bons scores même quand leur swing est médiocre. Les golfeurs qui puttent et chippent bien peuvent se permettre de manquer un green, car ils savent qu'ils possèdent deux atouts pour maintenir leur score : le chip et le putt. Un jeu court bien exécuté possède un autre avantage : il rehausse la confiance en soi du golfeur durant le reste de la partie. Le joueur convaincu qu'il peut exécuter des chips et des putts pour maintenir son score s'il rate le green sera plus confiant dans son jeu d'approche.

La bonne nouvelle est que pratiquement tous les golfeurs peuvent améliorer leur jeu court. Pas nécessaire d'être un athlète accompli ou d'avoir un synchronisme parfait pour être en mesure d'effectuer un chip ou un putt. Il suffit de comprendre les techniques de base et de désirer améliorer ses performances.

CONSEIL PRATIQUE

APPRENEZ D'ABORD LES TECHNIQUES DU CHIPPING ET DU PUTTING

Si les Sergio Garcia, Jose Maria Olazabal et Tiger Woods sont si redoutables autour des greens, c'est qu'ils ont d'abord appris les rudiments du chipping et du putting avant d'apprendre à exécuter des swings complets. L'Espagnol Seve Ballesteros en est un autre qui a appris d'abord à se débrouiller sur le green en passant des heures et des heures à peaufiner toutes sortes de coups ; il a conservé durant toute sa carrière ce savoir-faire acquis à un jeune âge.

Comme il n'est pas nécessaire d'avoir une grande force physique pour apprendre les techniques du chipping et du putting, les parents devraient inciter leurs enfants à cultiver ces techniques. La plupart des instructeurs chevronnés recommandent d'ailleurs aux enfants de maîtriser en premier lieu le putting avant de penser envoyer la balle à de plus longues distances ; ils pourront graduellement s'éloigner du trou quand ils auront acquis davantage de force et de dextérité.

L'APPRENTISSAGE DU JEU COURT EN 3 ÉTAPES

ÉTAPE 1. DÉVELOPPER LES TECHNIQUES DE BASE

On répète souvent que le secret d'un bon jeu court réside dans la capacité de bien évaluer les distances et de visualiser les coups. On doit cependant avoir déjà acquis une technique de base solide avant d'être capable de visualiser un coup et d'évaluer les distances avec précision. Le joueur qui ne sait pas si son prochain coup va effleurer la balle, la frapper trop fortement ou la frapper correctement ne sera pas en mesure de visualiser le coup à jouer, ni d'évaluer la puissance de frappe requise. Afin d'éviter cette situation, les jeunes golfeurs doivent maîtriser d'abord les techniques du chipping, du putting et celles qui s'appliquent au jeu dans les bunkers. C'est seulement quand ils pourront compter sur ces techniques qu'ils pourront tenter des coups de rattrapage plus risqués.

ÉTAPE 2. DÉVELOPPER LA CAPACITÉ D'ÉVALUER LES DISTANCES

Lorsque le joueur aura acquis une technique fiable, il se rendra compte que sa capacité d'évaluer les distances se développera rapidement. Quand vous regardez les grands joueurs exécuter des coups sur le terrain d'exercice pendant un tournoi, vous pouvez noter que la plupart d'entre eux se contentent tout simplement de maintenir leur technique plutôt que de s'efforcer de l'améliorer. Il est sans doute sage de revoir son jeu régulièrement, mais une fois que la technique de base a été maîtrisée, les exercices devraient être consacrés à développer l'intuition pour évaluer les distances.

Une des meilleures façons de développer rapidement son savoir-faire sur le green consiste à exercer sa technique avec un camarade. La compétition amicale recrée la pression qui caractérise les vraies parties et favorise la capacité de concentration. De toute façon, il est toujours plus agréable de s'entraîner avec un copain que de frapper une balle après l'autre tout seul.

ÉTAPE 3. DÉVELOPPER AU MAXIMUM LA CAPACITÉ DE VISUALISATION

Bon nombre d'enfants se font dire qu'ils ont une imagination débordante, mais, pour le jeu court, ce serait plutôt un atout. La plupart des joueurs se donnent beaucoup de peine pour développer leur capacité de visualisation. Avant qu'un joueur choisisse le type de coup qu'il veut jouer, il doit être capable de le « visualiser » clairement dans sa tête. Visualiser un coup peut être simple s'il s'agit d'un chip direct en bordure, mais il est rare que la balle se trouve bien dégagée sur une surface de gazon bien plane, sans obstacles à l'horizon. Plus la situation est difficile, plus le joueur doit savoir faire preuve d'imagination et de confiance. L'intuition et la capacité de trouver le coup qu'il faut dans une situation impossible font la différence entre les maîtres du jeu court et les golfeurs qui savent simplement se débrouiller aux environs du green.

Des magiciens du jeu court tels Seve Ballesteros, Jose Maria Olazabal et Sergio Garcia ont tous frappé des coups innombrables à l'entraînement pour développer leur savoir-faire autour des greens, et on ne peut faire l'économie d'un tel entraînement. Les jeunes golfeurs qui veulent réussir doivent aussi consacrer des heures d'entraînement autour des greens, répétant les techniques, faisant des expériences avec divers clubs et prenant des notes dans leur tête sur l'envol ou le roulement de la balle en provenance de divers angles et sur des pentes variées.

LE CHIPPING
(LES COUPS D'APPROCHE)

Un chip est un coup qui se joue autour des extrémités du green dont le but est d'envoyer la balle à partir du rough ou de l'herbe haute en bordure jusqu'à la surface du green. Lorsque la balle atterrit sur le green, elle doit se déplacer comme à la suite d'un putt. L'objectif est de l'amener suffisamment proche du trou afin qu'on puisse l'y faire pénétrer à l'aide d'un putt très court. Plusieurs golfeurs professionnels réputés sont devenus des as du chipping et sont déçus s'ils n'arrivent pas à atteindre la cible après un chip.

Une des raisons pour lesquelles les grands joueurs sont si confiants est qu'ils considèrent le chipping comme un prolongement du putting. Bon nombre utilisent le grip du putting quand ils exécutent un chip. L'idée est de permettre à la balle de rouler sur le green le plus tôt possible, ce qui nécessite le plus souvent un coup sec et franc avec un mouvement minime des poignets. Il arrive rarement qu'un pro de renom envoie la balle haut dans les airs aux environs du green. Les meilleurs joueurs savent qu'il est plus facile d'évaluer un coup et de maîtriser la balle quand elle roule sur le green

Certains joueurs privilégient un seul club pour jouer la plupart de leurs coups autour du green, mais la majorité en utilisent quelques-uns, à partir d'un fer 4 jusqu'à un sand wedge, selon la distance où la balle se trouve par rapport au trou et à l'étendue du rough. Les jeunes golfeurs devraient exercer leur chipping avec trois clubs (un fer 5, un fer 8 et un sand wedge) pour s'habituer à frapper à des distances variées. Ils doivent aussi apprendre la manière dont la balle va réagir après l'impact de chaque club utilisé et à évaluer la vitesse d'un coup.

PRINCIPES DE BASE DU CHIPPING

Le chip de base est un des coups les plus simples du golf. Le swing (backswing et throughswing) est court et ne requiert pas une excellente coordination motrice. Malgré sa simplicité, un grand nombre de golfeurs exécutent mal ce coup, principalement pour deux raisons. En premier lieu, ils tentent de rajouter du loft à la face du club en projetant la balle dans les airs. Cette approche fera en sorte que le joueur va frapper soit le milieu de la balle avec l'extrémité de la face, l'envoyant vers le green à une vitesse d'environ 160 km/h, soit le sol derrière la balle avec la tête du club. En regardant les grands joueurs, vous constaterez que leurs mains guident la tête du club lors de l'impact. Cette méthode garantit un coup sec et assure que la balle va parcourir une trajectoire basse, au ras du sol.

La deuxième cause d'échec est attribuable à une diminution de l'accélération lors de l'impact. Un grand nombre de golfeurs effectuent un bon backswing, puis relâchent complètement leur exécution. À l'aide d'un swing relativement court, ils doivent plutôt donner une accélération légère à la tête du club lorsqu'elle fait contact avec balle. Une perte de vitesse entraîne une perte de maîtrise.

LE CHIP DE BASE

1 L'adresse pour le chipping doit avant tout porter sur la maîtrise et la précision. Le joueur rapproche ses pieds et, tout en gardant la balle un peu en arrière du centre d'un stance légèrement ouvert, transfère son poids sur son pied avant, ce qui lui permet de se pencher vers l'objectif. L'exécution de cette routine aura pour effet de conduire les mains en avant de la face du club et de la balle.

2 Transférant son poids sur le côté gauche, le joueur exécute son backswing en bougeant les bras et les épaules. Il est normal que les poignets s'infléchissent un peu, à cause du poids du club, mais le joueur ne doit pas les faire pivoter volontairement. Le backswing doit rester compact.

3 En tenant pour acquis qu'il a transféré son poids sur son flanc droit pendant toute la durée du swing, le golfeur doit automatiquement ramener ses mains à leur position initiale à l'adresse en s'assurant qu'elles soient bien en avant de la face du club au moment de l'impact. Il doit sentir qu'il frappe la balle dans un mouvement de descente, ce qui est la condition pour donner un effet de rotation à la balle.

4 Le joueur reste accroupi durant le coup et attend après l'impact pour vérifier où la balle s'est dirigée. Il doit maintenir ses mains en avant de la face du club jusqu'au followthrough.

AIDE-MÉMOIRE POUR LE CHIPPING

- Garder un stance étroit
- Placer la balle en arrière du centre du stance
- Répartir son poids sur le pied avant (vers la balle)
- À l'adresse, les mains doivent dépasser la face du club
- Permettre aux bras et aux épaules de contrôler l'exécution du swing
- Poser ses mains au-dessous du grip normal pour mieux maîtriser le coup
- Maintenir les mains en avant de la balle durant l'impact

S'entraîner au jeu court avec un partenaire dans une compétition amicale est plus agréable que de s'entraîner seul.

STRATÉGIE ET PRATIQUE DU CHIPPING

FAIRE DES ESSAIS AVEC DIFFÉRENTS CLUBS

Comme il n'y a pas deux chips pareils, les joueurs doivent développer leur capacité d'évaluer les distances et de choisir les clubs appropriés. Ils s'entraîneront avec quelques clubs pour s'habituer à la frappe et à la portée de chacun d'eux. Avec la même hauteur de swing, un coup joué avec un fer 5, par exemple, permettra à la balle d'atteindre une plus grande distance et de rouler davantage à l'atterrissage qu'un coup provenant d'un pitching wedge ; avec ce dernier, la balle montera plus haut et stoppera plus rapidement.

CLUB UTILISÉ	ENVOL	ROULEMENT
SAND WEDGE	90 POUR CENT	10 POUR CENT
PITCHING WEDGE	80 POUR CENT	20 POUR CENT
FER 9	70 POUR CENT	30 POUR CENT
FER 8	60 POUR CENT	40 POUR CENT
FER 7	50 POUR CENT	50 POUR CENT
FER 6	40 POUR CENT	60 POUR CENT
FER 5	30 POUR CENT	70 POUR CENT
FER 4	20 POUR CENT	80 POUR CENT
FER 3	10 POUR CENT	90 POUR CENT

TOUJOURS TENTER D'ENVOYER LA BALLE SUR LE GREEN AU PREMIER COUP

Lorsqu'il chippe, le golfeur a pour but premier d'envoyer la balle sur le green et de la diriger vers le trou le plus rapidement possible. Il faut éviter de frapper la balle à travers le gazon de bordure ou le rough, car il est impossible de déterminer la manière dont la balle réagira. Celle-ci pourrait atterrir en effectuant un bond superbe et se retrouver sur le green sans problème, mais elle pourrait tout aussi bien rester coincée dans l'herbe longue, ce qui obligerait le joueur à effectuer un autre chip. Pour s'assurer que la balle atterrira en lieu sûr, le joueur doit l'expédier à environ 1 mètre sur le green.

Les chips, dont la trajectoire est rapprochée du sol, sont préférables à d'autres types de coups dans un grand nombre de cas. Par contre, il y a des occasions où ils ne constituent pas une option valable. Par exemple, quand le drapeau est proche de l'extrémité avant du green et qu'il y a aux alentours une grande étendue de rough. Dans ce cas, un coup qui soulèvera la balle et la fera « flotter » est la seule chance de la rapprocher du trou.

La première chose qu'un joueur doit faire lorsqu'il effectue un coup lofté consiste à vérifier la position de la balle. Si le sol est sec ou dénudé, alors ce n'est pas le type de coup à frapper, car l'extrémité de la face du club va rebondir sur le sol et entrer en contact avec la face arrière de la balle. Par conséquent, la balle roulera trop rapidement à travers le green. Les golfeurs doivent seulement tenter ce coup s'ils peuvent amener la face du club sous la balle.

Le lob peut sembler compliqué et aventureux à première vue, mais une fois que la crainte de devoir exécuter un swing quasi-complet pour un coup de faible portée a été surmontée, le niveau de confiance augmente. La bonne nouvelle, c'est qu'il s'agit d'un coup amusant à répéter. En variant le stance et l'angle de la face du club, les joueurs peuvent effectuer des coups aux trajectoires variées.

LE LOB
(COUP D'APPROCHE ÉLEVÉ)

1 La technique du lob est semblable à celle du coup dans les bunkers (voir pages 84 et 91). Un mouvement de swing extérieur-intérieur est indiqué ici, car il permet de frapper la balle de manière à lui donner une trajectoire plus élevée. À l'adresse, les épaules doivent être relativement perpendiculaires à l'objectif, les pieds tournés vers la gauche. Plus le joueur ouvre les pieds, plus la trajectoire de la balle sera élevée. Le joueur doit faire porter la majeure partie de son poids sur le pied gauche et la balle doit être jouée en avant dans le stance. Il faut orienter la face du club vers le drapeau et puis refermer ses mains sur le grip.

2 Le joueur effectue son backswing en ligne avec ses pieds et en faisant pivoter ses poignets au début, de façon à obtenir un angle d'attaque prononcé. Il faut garder à l'esprit que c'est la combinaison du loft de la face du club et d'un stance ouvert qui donne à la balle une trajectoire élevée ; le joueur doit donc exécuter un long backswing pour envoyer la balle à une faible distance. Un swing long est cependant plus risqué, d'où l'importance d'exécuter ce coup avec fluidité.

3 Le downswing doit être aligné avec les pieds. Le golfeur peut trouver bizarre de swinguer la balle par-dessus l'objectif, mais du moment qu'il oriente correctement la face du club à l'adresse, la balle se dirigera vers le drapeau. Il doit s'assurer de ne pas relâcher le club, sinon la balle va se diriger vers la gauche.

4 Puisque ce coup est habituellement joué depuis un sol embroussaillé, le club doit générer une vitesse importante à l'impact. Quelle que soit la longueur du backswing, le followthrough doit être aussi long. En somme, la dernière phase de l'élan est la copie conforme de la première.

LE CHIPPING EN PENTE DESCENDANTE

1 Lorsque les épaules du joueur sont parallèles au sol d'une pente descendante (photo ci-dessus), son poids va automatiquement se porter sur le pied avant. Ce n'est pas un problème, mais le joueur aura besoin d'élargir très légèrement (d'une fraction) son stance pour obtenir une meilleure stabilité. Il aura à jouer la balle un peu plus en avant du stance pour compenser le transfert de poids sur le pied gauche. Il peut en outre choisir de poser ses mains à 2,5 cm au-dessous de l'endroit où il effectue son grip habituel afin de mieux maîtriser le coup.

2 Pour éviter de swinguer de nouveau dans la pente, le joueur devra infléchir ses poignets plus tôt que d'habitude. En faisant porter son poids sur son flanc gauche, il devra effectuer le swing avec ses bras. Il lui semblera qu'il a empoigné fermement le club durant le backswing avec ses poignets.

Quand il effectue un coup depuis un lie en pente, que ce soit sur le fairway ou sur le green, le joueur doit, à l'adresse, mettre ses épaules le plus possible en parallèle avec la pente. Par conséquent, le lie en pente redevient un lie normal, ce qui permet de frapper un coup en modifiant légèrement son swing habituel. Une autre astuce consiste à déterminer la manière dont la pente affectera la trajectoire de la balle. Le chipping en pente est un coup très délicat, car la face du club frappe la balle à grande vitesse et fait en sorte que la trajectoire demeure basse.

3 La tête du club doit demeurer le plus proche possible du sol. Le joueur doit éprouver la sensation qu'il frappe la balle avec les bras en extension. La tête du club doit épouser la courbe de la pente et se glisser sous la balle.

4 Afin d'empêcher la balle d'être projetée dans les airs, le joueur doit maintenir la tête du club le plus proche possible du sol avant et pendant le followthrough. Il essaiera de garder les bras en extension le plus longtemps possible pour s'assurer que la tête du club se glisse sous la balle et épouse la courbe de la pente.

LE PITCHING
(COUP D'APPROCHE LOBÉ)

Le pitch envoie la balle à une plus grande distance que le chip. Pour un amateur, on peut parler d'une distance variant entre 27 et 64 mètres. Le pitch se joue avec un club plus lofté (généralement un pitching wedge ou un sand wedge). L'objectif de ce coup est d'expédier la balle haut dans les airs sur le green, pour qu'elle s'arrête rapidement et roule sur une courte distance à son atterrissage.

Le pitching est un aspect du golf où les pros déconcertent les amateurs. Les pros visent à faire atterrir la balle à moins de 3 mètres du drapeau à partir d'une distance de 90 mètres ou moins, tandis que les golfeurs amateurs se contentent simplement d'envoyer la balle sur le green.

La raison principale du manque d'assurance des amateurs se trouve dans le swing requis, qui ne doit pas être complet. Or, il est facile de perdre la cadence. Les amateurs effectuent ainsi un swing maladroit et peu naturel. Pour parvenir à exécuter correctement un pitch, il faut avoir le sens du rythme. Il n'y a pas de solution miracle pour maîtriser ce type de coup. Le pitch fait appel tout simplement à une version abrégée du swing normal complet, incluant des petites modifications à l'adresse pour réduire la distance que la balle devra parcourir.

Les joueurs peuvent améliorer leur conception du pitching en le considérant comme un coup d'attaque plutôt qu'un simple coup de rattrapage. Les jeunes golfeurs doivent savoir qu'un bon pitch n'est pas seulement utile pour maintenir leur score proche du par, mais aussi pour les aider à obtenir des birdies sur des trous de par 5 et des petits trous de par 4. Mais avant qu'ils parviennent à faire atterrir leur balle sur une pièce de monnaie à partir d'une distance de 45 mètres, il doivent apprendre la technique de base.

LE PITCH DE BASE →

Un grand nombre d'amateurs du golf croient à tort qu'il existe une recette miracle pour exécuter correctement un pitch, mais celui-ci n'est qu'une version abrégée du swing complet. Maintenir un rythme souple est toutefois aussi important que les modifications qu'il faut effectuer à l'adresse.

CHIP OU PITCH?

Il n'est pas facile de distinguer le chip et le pitch, car souvent les deux types de coups se confondent. Un grand nombre de golfeurs croient qu'un chip se joue à courte distance, alors qu'un pitch s'applique à une plus longue distance. Il y a une part de vérité dans ce point de vue, mais il ne dit pas toute la vérité. Par exemple, vous pourriez jouer un chip à 50 mètres du drapeau sur un parcours très rapide au bord de la mer ou effectuer un pitch à 27 mètres d'un green au sol mou.

Le chip est un coup où les mains ne doivent pas dépasser la hauteur des hanches (photo ci-contre, en haut) et où les poignets s'infléchissent peu. Lorsque les mains dépassent la hauteur des hanches et que les poignets commencent à s'infléchir, le chip se transforme en pitch (photo ci-contre, en bas).

1 Le joueur adopte un stance plus étroit que d'habitude, la balle se trouvant au milieu de ses pieds. Les golfeurs doivent idéalement ouvrir légèrement leur stance, les pieds tournés un petit peu à gauche par rapport à la ligne de visée. Cette position donne davantage d'espace pour swinguer avec les bras lors de l'impact sans que le flanc gauche ne gêne.

2 À partir de cette posture corrigée à l'adresse, le golfeur effectue un swing normal. Il doit veiller à maintenir un rythme fluide en swinguant avec les bras. Comme dans le swing complet, les bras doivent rester nichés sur le côté et ne pas bouger vers l'extérieur, tandis que les poignets s'infléchissent complètement en douceur.

3 Comme le pitch est un coup qui doit être exécuté avec précision plutôt qu'avec puissance, il n'est pas nécessaire de bouger le bas du corps de manière excessive. Le joueur maîtrise le coup en tournant le torse. La balle s'envole simplement dans l'exécution du mouvement.

4 Comme dans le chip, le joueur doit, le plus possible, éviter de projeter la balle dans les airs. Il doit plutôt faire confiance au loft de son club pour que la balle s'élève correctement. Comme dans le lob, la longueur du followthrough doit correspondre à celle du backswing.

CONSEIL PRATIQUE

POUR ÉVALUER LES DISTANCES : TROIS CLUBS, TROIS SWINGS, NEUF DISTANCES

Maîtriser la technique du pitching constitue un pas dans la bonne direction et pourtant, le travail n'est pas terminé. Il est important d'acquérir la capacité d'évaluer la distance à laquelle on peut envoyer la balle avec chaque club utilisé. En s'entraînant avec acharnement, les grands joueurs ont développé un flair surprenant pour évaluer correctement les distances, mais les débutants doivent trouver une méthode qui leur permettra d'accélérer leur processus d'apprentissage.

   Une bonne façon consiste à faire appel à trois clubs différents : le fer 9, le pitching wedge et le sand wedge. En commençant par le sand wedge, le joueur note la distance à laquelle il peut envoyer la balle en exécutant d'abord un swing à la hauteur des hanches, puis à la hauteur du torse, enfin à la hauteur des épaules. Il répète le même exercice avec le pitching wedge et le fer 9, en notant les résultats par écrit. À la fin de l'exercice, il aura alors neuf distances différentes qui lui serviront de référence.

LE JEU DANS LES BUNKERS : BEAUCOUP PLUS FACILE QU'IL N'Y PARAÎT

Le jeu dans les bunkers est un aspect particulier du golf, comportant ses propres règles et techniques. Premièrement, les golfeurs disposent d'un club, le sand wedge (cocheur de sable), conçu spécialement pour sortir les balles des bunkers (fosses de sable), mais qui ne fait pas vraiment contact avec la balle. Deuxièmement, il faut apporter quelques modifications à la posture normale à l'adresse pour exécuter correctement les coups dans les bunkers. En dernier lieu, le jeu dans les bunkers risque de donner beaucoup plus de maux de tête que tous les autres aspects du jeu.

Le joueur expert qui déploie un long swing gracieux pour expédier la balle hors d'un bunker est un des spectacles les plus impressionnants du golf. Lorsqu'il évalue la portée de son coup d'approche vers le green, le golfeur chevronné ne s'inquiète pas trop à la perspective de voir sa balle atterrir dans un bunker. Si on lui donnait le choix d'effectuer un coup à partir d'un bunker d'apparence impeccable ou depuis un rough ou une lisière, où il lui serait difficile de prévoir avec exactitude la trajectoire de la balle, il opterait certainement pour le bunker le plus souvent.

À part la technique, le secret pour bien jouer dans les bunkers est une bonne confiance en soi. Si le golfeur adopte une attitude positive, il met toutes les chances de son côté. Par contre, s'il entretient des pensées négatives avant de frapper la balle, les chances qu'il exécute un swing capable de sortir la balle du fossé seront quasi nulles.

↓ LE SAND WEDGE (COCHEUR DE SABLE) : UNE AIDE PRÉCIEUSE

Une des raisons principales pour laquelle les grands golfeurs font preuve de tant d'audace dans les bunkers est qu'ils ont confiance dans la conception du sand wedge et savent en tirer profit. Conseillez à votre élève golfeur de se procurer un sand wedge lorsque la première occasion se présentera.

Observez-en soigneusement la base et vous constaterez que, contrairement aux autres fers, ce club possède une semelle plus large. Vous constaterez également que l'arrière du club est légèrement plus bas que l'extrémité saillante de la face du club. Cette caractéristique, qu'on appelle « bound », permet à la partie large de la semelle d'entrer en contact avec le sable, plutôt que la mince extrémité saillante. La tête du club peut donc littéralement rebondir à travers le sable en prenant un divot peu profond. L'angle de rebondissement devient encore plus évident lorsque la face du club s'ouvre. Un golfeur habile sera capable de varier l'angle de la face du club pour exécuter des coups de hauteurs et de trajectoires variées.

PRINCIPES DE BASE DU JEU DANS LES BUNKERS

↑ SWINGUER PAR-DESSUS LA LIGNE DE VISÉE

On conseille aux joueurs d'ouvrir leur stance à l'adresse, mais de swinguer par-dessus la ligne de visée dans un mouvement extérieur-intérieur, ce qui peut-être embêtant. C'est parce que la posture à l'adresse dépend de la conception du sand wedge. Lorsque la face du club s'ouvre pour utiliser pleinement la capacité de la semelle à provoquer des bonds à l'atterrissage, le club s'aligne vers la droite ; pour compenser, le joueur doit viser vers la gauche. Tous les jeunes golfeurs doivent comprendre l'importance de swinguer en s'alignant sur leurs pieds et leurs épaules, même si cela peut sembler bizarre. Rappelez-vous ceci : le club vise vers la droite, le joueur vise vers la gauche et la trajectoire de la balle décrit une ligne droite.

LA RÈGLE D'OR : AUCUN CONTACT AVEC LA BALLE

Le sand wedge est un club unique en son genre, non seulement parce qu'il a été conçu pour une fin bien particulière, mais également parce qu'il ne devrait jamais entrer en contact avec la balle. Vous avez peut-être déjà entendu des commentateurs sportifs parler de coup « explosé », car l'objectif ici n'est pas de frapper la balle avec la face du club, mais de la projeter à l'extérieur du bunker avec une mince couche de sable en dessous. Le joueur provoque en fait une mini-explosion en touchant le sable à 2,5 cm derrière la balle. La théorie est fort simple : si le golfeur parvient à sortir le sable du bunker, il peut sortir la balle aussi.

1 Le joueur foule le sable afin de rabaisser la hauteur de son swing et de maintenir un stance ferme. Il doit ouvrir la face du club avant de poser ses mains sur le grip. Le stance reste également ouvert, le poids portant légèrement sur le pied avant. La balle se joue en avant dans le stance, la tête du club trônant au-dessus du point d'impact prévu dans le sable, de 2,5 à 5 cm derrière la balle.

2 Le joueur exécute son backswing habituel, en l'alignant avec ses pieds et en infléchissant ses poignets un peu plus tôt que d'habitude. Ce type de swing va favoriser l'effet « d'explosion » lorsque la tête du club frappera le sable. Même sur un coup de courte portée, les joueurs doivent exécuter un backswing relativement long afin de briser la résistance du sable.

LE COUP EXPLOSÉ

COMBIEN DE SABLE ?

Si vous demandiez à trois professionnels combien de sable il leur faut lors d'un coup dans un bunker, vous vous retrouveriez avec trois réponses différentes. Le Néo-Zélandais Frank Nobilo aime prendre 3,75 cm de sable derrière la balle, car il croit obtenir ainsi la meilleure combinaison possible de backspin (effet rétro) et de relâchement. Il affirme néanmoins que l'on peut obtenir le même résultat du moment qu'on prend le sable de 2,5 à 5 cm derrière la balle.

Si le joueur prend 2,5 cm de sable, la balle va parcourir une plus grande distance, mais roulera moins loin après l'atterrissage, à cause du backspin, tandis que s'il en prend 5 cm, la balle n'ira pas aussi loin, mais roulera davantage lorsqu'elle aura atterri sur le green.

3 Gardant les yeux fixés sur le point d'impact prévu dans le sable, le joueur effectue son downswing en l'alignant avec ses pieds et accélère le mouvement de la tête du club à son entrée dans le sable. On doit inciter les jeunes à frapper le sable en faisant entendre un bon bruit sourd. La vitesse de la tête du club doit être très grande pour parvenir à sortir le sable et la balle du bunker.

4 Le joueur qui parvient à maintenir la face du club ouverte du début à la fin du swing et accélère légèrement et fermement à l'impact pourra exécuter un finish complet. Les empreintes de la face du club doivent pointer vers le ciel après le followthrough.

RÈGLES ET ÉTIQUETTE

LA TÊTE DU CLUB NE DOIT PAS TOUCHER AU SABLE À L'ADRESSE

Comme le bunker est un obstacle, les joueurs n'ont pas le droit d'asseoir la tête de leur club dans le sable à l'adresse. Si la face de son club touche au sable avant l'exécution du swing, le golfeur va recevoir une pénalité de deux coups. De plus, à moins d'une règle locale indiquant le contraire, les golfeurs n'ont pas la permission de déplacer des cailloux ou d'autres objets faciles à enlever.

ENTRER DANS LE BUNKER ET EN SORTIR PAR SA PARTIE LA PLUS PROFONDE

Afin d'éviter d'endommager le bunker et de déplacer une trop grande quantité de sable, il faut rappeler aux jeunes d'entrer dans le bunker et d'en sortir par sa partie la plus profonde, même si cela signifie faire un détour.

DÉLOGER UNE BALLE ENFOUIE →

Bien que ce coup semble plutôt ardu à première vue, il n'est pas aussi difficile à frapper qu'il y paraît. Tout ce que le joueur doit faire est d'inverser la méthode qui s'applique au coup explosé ordinaire. Alors qu'un coup normal dans un bunker doit être exécuté avec délicatesse, déloger une balle enfouie nécessite une approche plus rude. Les pros ont parfois recours à une méthode plus subtile, mais pour les jeunes, l'objectif est de tout simplement sortir la balle du bunker et de l'envoyer sur le green dès le premier coup.

COUPS DIFFICILES DANS LES BUNKERS

Le jeu habituel dans les bunkers est déjà assez difficile comme ça, mais il arrive que la balle se retrouve dans une position horrible. On aura beau crier à l'injustice, faire face à une telle situation fait autant partie du golf que les positions de balle dégagées et nettes. Les jeunes golfeurs doivent apprendre à composer avec ce genre de difficulté. Ils vont d'ailleurs constater rapidement que les positions de balle difficiles à jouer sont plus courantes que les positions franches.

SOUS LA LÈVRE DU BUNKER →

Lorsque la balle se déplace rapidement dans un bunker, elle va très souvent se loger sur la pente légèrement ascendante de la lèvre du bunker (voir photo 1, ci-contre). C'est une position éprouvante, à première vue, mais elle n'est pas aussi difficile à jouer qu'on pourrait le croire. Premièrement, la pente ascendante agit en quelque sorte comme tremplin pour l'exécution du coup, ce qui signifie que sortir la balle dès la première tentative ne devrait pas être trop difficile. Deuxièmement, comme il faut un coup pour projeter la balle à une hauteur plus élevée, on pourra exécuter un swing bien ferme, en sachant que la balle ne roulera pas trop loin.

1 Dans un coup explosé, la tête du club frappe à travers le sable ; c'est toutefois l'extrémité saillante qui entre dans le sable en premier. La face du club est fermée et la balle se joue à mi-chemin entre les deux pieds. Pour obtenir un angle d'attaque prononcé vers le bas à l'impact, le joueur fait porter la majeure partie de son poids sur son flanc gauche.

2 Afin de prédéterminer un angle d'attaque prononcé vers la balle, le joueur doit transférer son poids sur son flanc gauche, en faisant pivoter ses poignets au tout début du backswing. Il doit avoir l'impression de soulever le club vers le haut, le sommet de son backswing atteignant au moins la hauteur de ses épaules.

3 Son poids porté sur le côté gauche, le golfeur accélère le mouvement du club à travers le sable en s'assurant que c'est l'extrémité saillante de la face du club qui frappe le sable en premier. Selon la profondeur de la balle, la résistance du sable va empêcher l'exécution d'un followthrough complet. La balle aura alors une grande vitesse, une trajectoire plutôt basse et très peu de backspin. Par conséquent, après avoir atterri sur le green, elle roulera loin ; il faut donc préparer soigneusement ce coup.

1 À l'adresse, les épaules du joueur doivent être de niveau avec la pente du sol. Par conséquent, le poids va reposer automatiquement sur son pied arrière. La face du club doit rester perpendiculaire à l'objectif ou légèrement ouverte vers la cible.

2 Afin de produire un mouvement suffisant, un backswing relativement long s'avère nécessaire. Le poids du joueur doit reposer sur son pied arrière durant tout le backswing.

3 Conseillez à votre jeune golfeur de prendre le sable à environ 2,5 cm derrière la balle et encouragez-le à frapper la balle en faisant retentir un bon bruit sourd à l'impact. La pente ascendante et la résistance du sable vont l'empêcher de frapper la balle trop loin.

4 La pente ascendante de la lèvre d'un bunker va restreindre le followthrough. Il ne faut donc pas s'attendre à exécuter un mouvement complet.

LE PUTTING OU L'ART DES COUPS ROULÉS

Les professionnels passent plus de temps à exercer leur putting que les autres techniques du golf. C'est parce qu'environ 40 à 50 % des coups pendant un parcours de 18 trous sont des putts. Avant et après un match, vous verrez les pros sur le green d'exercice perfectionner leur technique. S'entraîner au putting n'est peut-être pas aussi agréable que frapper des balles sur un terrain d'exercice ou exécuter un pitch vers un objectif, mais les résultats en valent certainement la peine. Le vainqueur d'un tournoi professionnel aura en moyenne exécuté 26 ou 27 putts par tour. De leur côté, la plupart des amateurs auront de la difficulté à descendre en dessous de 40 putts par partie.

Il n'y a aucune raison d'ordre physique pour laquelle les jeunes golfeurs ne peuvent améliorer leur moyenne au putting. Bien sûr, les greens sur lesquels les jeunes s'entraînent pendant les week-ends et les congés scolaires ne sont pas aussi vrais que les greens bien entretenus que les joueurs experts tiennent pour acquis, mais il n'y a rien qui puisse empêcher un jeune golfeur enthousiaste de descendre sa moyenne entre 30 et 35 putts par partie.

Comme dans les autres aspects du jeu court, le golfeur n'a pas besoin d'être un athlète fantastique pour exécuter de bons putts. Le putt est en soi un coup relativement simple ; son succès résulte principalement de la capacité du joueur à évaluer la distance sur les greens. L'art du putting se résume en fait à deux aspects essentiels : évaluer la vitesse et la trajectoire. Lorsque le joueur a maîtrisé ces deux aspects, il constate généralement que son handicap diminue également.

LES TECHNIQUES DE BASE DU PUTTING

LE GRIP VARDON INVERSÉ COMME GRIP FAVORI

Le grip que la plupart des grands joueurs utilisent pour putter est différent de celui auquel ils ont recours pour les coups plus puissants. Dans le swing complet, les poignets doivent s'infléchir, ce qui n'est pas le cas lorsque l'on exécute un putt ; les mains ne font que tenir le club tout simplement.

Les pros utilisent une gamme variée de grips, mais préfèrent de loin le grip Vardon inversé, similaire au grip superposé normal (voir page 46), à la différence que l'index gauche, qui s'étend vers le bas, recouvre les trois premiers doigts de la main droite. Joindre les mains de cette façon leur permet d'agir davantage ensemble et empêche les poignets de s'infléchir, ce qui réduit la maîtrise du coup.

L'ADRESSE AU PUTTING

Comme le diamètre du trou ne fait que 10,8 cm, il faut accorder davantage d'importance à l'alignement que lorsqu'on frappe une balle vers un fairway ou un green. Ce qui est important ici, c'est de s'assurer que la face du putter soit tournée vers la trajectoire désirée, qui n'est pas forcément le chemin le plus direct (comme on l'explique ci-dessous).

Lorsque le joueur a correctement orienté la face du putter, il doit se mettre à l'aise. Les bras doivent pendre naturellement le long du corps et les yeux doivent se poser, le plus possible, directement au-dessus de la balle. La plupart des instructeurs croient que cette position des yeux est primordiale pour assurer la meilleure vue possible de la trajectoire, mais ce n'est pas essentiel, parce que, à ce moment, le golfeur a déjà positionné son putter.

Il n'y a pas de règles strictes concernant la posture, mais il est sage d'écarter les pieds de façon à se sentir bien à l'aise. On frappera la balle en avant dans le stance, vers le pied droit. Comme le driver, le putter effleurera la balle légèrement durant le backswing afin que sa rotation l'aide à maintenir sa trajectoire et à atteindre le trou.

PAS BESOIN D'INFLÉCHIR LES POIGNETS

Les jeunes doivent d'abord se rappeler qu'il n'est pas nécessaire d'infléchir les poignets quand ils puttent. Très peu de professionnels puttent en infléchissant leurs poignets, car le mouvement des poignets rend difficile tout geste continu.

La plupart des pros exécutent un coup de type pendulaire, balançant leurs épaules de l'arrière vers l'avant pour pouvoir frapper un coup fluide et continu. L'idée derrière cette approche est que les muscles les plus volumineux de l'épaule sont plus fiables que les plus petits muscles des bras et des mains. La méthode du pendule donne des résultats uniformes chez les joueurs qui ont une bonne capacité d'évaluer les distances. Mais cette approche est déconseillée à ceux qui éprouvent encore des difficultés avec cet aspect du jeu, car elle néglige l'utilisation des mains et des bras. Les débutants auront plus de facilité à maîtriser leur coup s'ils font appel à leurs bras et à leurs épaules.

LE PUTTING

1 À l'adresse, le joueur maintient ses mains directement au-dessus de la balle et répartit également son poids sur les deux pieds. Il utilise un grip neutre pour avoir une sensation maximale et exécuter le mouvement de pendule, tout en gardant ses bras en légère extension.

2 Le joueur bouge doucement le putter en déplaçant les épaules et les bras. Il maintient la tête du putter le plus proche possible du sol. Sur les putts courts, le putter devrait s'éloigner de la balle en ligne droite. Sur les putts plus longs, la tête du putter va naturellement se déplacer à l'intérieur de la ligne.

3 Il est important de maintenir un rythme régulier et fluide pendant tout le swing. Pendant que le golfeur observe la tête de son putter faire contact avec la balle, le creux de sa main gauche s'oriente vers l'objectif. Le coup est ferme et assuré, et le putter se déplace vers l'avant pendant l'impact.

4 La face du putter doit être encore alignée sur la trajectoire pendant le followthrough. Le joueur doit rester en position inclinée jusqu'à ce que la balle ait quitté la face du club et pris la direction du trou. Il doit s'abstenir de regarder trop rapidement vers le trou pour savoir s'il a réussi ou non.

La plupart des trous atteints en trois putts sont causés non par un manque de précision, mais après que le joueur ait réussi un premier putt à une distance rapprochée du trou. Même ceux qui se considèrent encore comme des débutants vont rarement manquer un putt d'un mètre, mais trop souvent les golfeurs vont envoyer la balle au-delà du trou à leur premier putt. Il faut donc rappeler que dans les longs putts le rythme est plus important que l'objectif. Les golfeurs peuvent se permettre des erreurs de jugement en puttant et en envoyant la balle à quelques pieds du trou, pourvu qu'ils effectuent leur putt avec suffisamment de force ; ils peuvent alors atteindre le trou facilement au coup suivant.

STRATÉGIE DE PUTTING

La plupart des golfeurs portent peu attention au putting. Plus souvent qu'autrement, ils vont jeter un coup d'œil rapide au trou, sans plus, avant de putter. Or, on constate une attitude diamétralement opposée chez les professionnels de renom ; ces derniers analysent très soigneusement la situation. Ils savent bien que des erreurs commises sur un green peuvent être très coûteuses et accordent en conséquence un maximum d'attention à leurs putts.

POSITIONNEZ LE LOGO DE LA BALLE VERS L'OBJECTIF
Une excellente façon d'aligner correctement la face du putter consiste à marquer sa balle, puis à la retourner de manière que le logo du fabricant pointe directement vers l'objectif. Il suffit alors d'aligner la face du putter perpendiculairement au logo et de compléter le stance. Une fois correctement aligné, le joueur peut putter avec souplesse et confiance.

STRATÉGIE DE PUTTING COURT :
PAS NÉCESSAIRE DE TENIR COMPTE DE LA COURBE DE TRAJECTOIRE

Dans les putts de longue portée, l'important est d'évaluer correctement la distance, mais dans les putts plus courts, c'est la trajectoire qui est primordiale. Les putts d'environ un mètre mal exécutés sont généralement le résultat d'un manque de confiance. Les joueurs font souvent l'erreur de frapper faiblement, alors que le putt doit être effectué de manière ferme et précise. Deux des meilleurs spécialistes du putting, Tiger Woods et Colin Montgomerie, exécutent des putts courts d'un coup ferme. Cette façon de procéder signifie que le joueur ne doit se soucier que de la trajectoire initiale, car après l'exécution du coup, la balle n'aura pas le temps de dévier de l'objectif.

ROUTINE D'ÉVALUATION →

Il faut encourager les jeunes golfeurs à adopter une routine déterminée avant d'exécuter un putt, car une telle routine favorise le développement de la capacité de « lire » les greens, c'est-à-dire y évaluer les distances. Ce n'est qu'en évaluant chaque putt du même angle et en effectuant chaque fois le même nombre de coups d'exercice que les joueurs seront en mesure de vérifier le bien-fondé de leurs évaluations. Voici quelques suggestions pour aider les jeunes à améliorer leur évaluation des distances sur un green. Par ailleurs, il est important de rappeler aux apprentis golfeurs de ne pas trop s'attarder à préparer leur putting, car cela peut ralentir le rythme du jeu.

LIRE LES GREENS

Tous les jeunes doivent apprendre les techniques de base requises pour évaluer correctement le rythme et la trajectoire d'un putt. Ce qu'on appelle communément « lire un green » constitue un des grands défis du golf. Comme les joueurs vont rarement exécuter un putt de la même façon deux fois de suite et que leurs chances sont minces de tomber sur un green totalement plat, il est primordial qu'ils développent la capacité de lire correctement les greens. Dans la plupart des cas, ils devront viser soit vers la droite soit vers la gauche du trou pour obtenir une bonne courbe de trajectoire.

   Les grands golfeurs excellent dans la capacité de déterminer la trajectoire et la vitesse d'un putt, mais cette aptitude ne s'acquiert qu'en jouant sur toutes sortes de parcours dans des conditions météorologiques variables. L'entraînement favorise néanmoins un apprentissage plus rapide.

1 On doit d'abord évaluer le putt derrière la balle puis en se postant derrière le trou. Cette méthode permet de maximiser ses chances de prédire correctement la façon dont la balle se déplacera sur la surface du green. En allant se poster derrière le trou, après avoir analysé la situation derrière la balle, on acquiert une nouvelle perspective des dénivellations.

2 Pour les longs putts, les golfeurs doivent se rendre à un endroit situé entre la balle et le trou du côté le plus bas. Cette position est particulièrement utile, car elle permet de mieux évaluer la distance à partir d'un point central ; la raideur de la pente s'évalue mieux depuis un point plus bas.

3 Les joueurs doivent exécuter leur routine préliminaire en effectuant des coups d'exercice tout en visant le trou, afin d'améliorer leur coordination motrice. Il faut laisser aux yeux le soin d'estimer la distance.

4 Le putter doit s'aligner sur l'objectif visé (pas nécessairement le trou). Les pieds et le corps doivent être perpendiculaires à celui-ci.

CONSEIL PRATIQUE

COMMENCEZ À « LIRE LE GREEN » AVANT D'Y METTRE LES PIEDS

Les golfeurs ne doivent pas attendre d'être sur le green pour en commencer l'évaluation. Il est souvent difficile de bien reconnaître le relief quand on est déjà sur le green, d'où l'importance de commencer à « lire le green » à distance de pitch. Bien souvent, les joueurs auront un meilleur aperçu global du green en évaluant celui-ci depuis une distance relativement proche ; ils pourront en apercevoir toute la surface ainsi que les alentours.

CONSIDÉRER CHAQUE PUTT COMME UN PUTT NORMAL

← Lire un green est une chose, exécuter un putt en est une autre. Après avoir déterminé la trajectoire désirée, le joueur doit aligner son putter sur la trajectoire et positionner ses pieds et ses épaules perpendiculairement à l'objectif. Sur la photo ci-contre, on constate que la balle va dévier d'environ 60 cm vers la droite ; pour compenser, le joueur doit orienter tout son corps à droite du trou. Pour mieux focaliser sur la trajectoire désirée, le joueur peut choisir une cible intermédiaire. Il se contentera alors de putter vers cette cible. Dans cette perspective, il faut considérer chaque putt comme un putt normal, peu importe la courbe de trajectoire ; une fois qu'il a choisi sa cible intermédiaire, le joueur n'a pas besoin de s'attarder aux dénivellations du green.

ÉLÉMENTS POUVANT AFFECTER L'ANGLE DE TRAJECTOIRE

Le secret pour lire correctement un green consiste à faire preuve d'un sens de l'observation développé. Tous les éléments servant à évaluer la courbe de trajectoire sont d'une utilité précieuse. Avec l'entraînement, les joueurs emmagasinent toutes sortes d'informations subtiles (la texture du green, la longueur du gazon et même les conditions météorologiques) qui leur permettent de mieux évaluer cette courbe.

Lorsqu'on enseigne à un jeune golfeur l'art de lire un green, il est important d'attirer son attention sur les facteurs suivants, chacun d'entre eux pouvant influencer le rythme et la trajectoire d'une balle :

1. LA VITESSE DU GREEN

La balle aura tendance à dévier davantage sur des greens rapides et secs que sur des greens lents et humides. Les golfeurs doivent aussi prendre en considération la force et la direction du vent lorsqu'ils lisent le green, surtout si ce dernier est particulièrement à découvert.

2. LA PENTE

La courbe de trajectoire sera moins prononcée si on putte sur une pente ascendante que sur une pente descendante. C'est parce que les joueurs doivent putter plus vigoureusement sur une pente ascendante pour l'envoyer vers le trou. Par conséquent, la vitesse de la balle l'empêche de trop dévier.

LEÇONS ET ENTRAÎNEMENT

Quel que soit le talent d'un joueur, il ne réussira jamais sur la base de ses seules aptitudes. Demandez à n'importe quel pro de vous révéler les secrets de son succès et il vous répondra probablement qu'il faut suivre des cours, s'entraîner intensivement et avoir le goût de réussir. Les vedettes du golf sont toujours en quête de perfection et ce que vous voyez à la télévision est le résultat d'un dur travail qui s'effectue en coulisse, à l'écart des caméras.

Ce n'est pas par hasard que ceux qui connaissent le plus de succès sont aussi les plus acharnés des bûcheurs. À l'époque où on le considérait comme le meilleur au monde au début des années 90, Nick Faldo ne frappait pas moins de 1000 balles par jour, et c'était avant qu'il ne commence à s'entraîner au jeu court et au putting. De même, Jack Nicklaus se retrouvait-t-il sur le terrain d'exercice par tous les temps, qu'il vente, qu'il pleuve ou qu'il fasse un soleil de plomb. Le légendaire Ben Hogan, de son propre aveu, a enterré le secret de son swing magique pour se tirer d'impasse sous des centaines de milliers de divots.

Beaucoup d'amateurs se demandent pourquoi des golfeurs aussi accomplis que Ernie Els et Tiger Woods ont besoin d'un entraîneur. En vérité, une deuxième paire d'yeux est toujours précieuse, ne serait-ce que pour donner au joueur ce surcroît de confiance sur la qualité de son jeu. Même les vedettes présentent des défauts de swing récurrents, mais de tels problèmes sont vite repérés et corrigés par les entraîneurs, qui ont le recul suffisant pour analyser le jeu de leurs protégés.

Si les grands joueurs ont besoin de leçons et d'entraînement, à plus forte raison les débutants doivent s'y soumettre. Dans ce chapitre, nous regardons comment les jeunes joueurs peuvent tirer le meilleur parti de leurs leçons de golf, comment ils doivent planifier l'entraînement et comment ils doivent choisir l'instructeur qui les aidera le mieux à développer leur potentiel.

L'IMPORTANCE
DES LEÇONS

Quand ils songent à s'inscrire à des leçons de golf, les jeunes doivent être conscients qu'il ne suffira pas d'en suivre quelques-unes. Le golf est un sport très complexe qui ne peut être maîtrisé du jour au lendemain. Acquérir un swing régulier et puissant prend du temps, d'où l'importance de penser à long terme.

Les jeunes golfeurs doivent aussi comprendre qu'il ne suffit pas de leçons pour devenir de bons joueurs. Entre deux leçons, ils doivent s'atteler au travail et s'entraîner pour mettre en pratique ce qu'ils ont « appris ». Un joueur qui rentre à la maison après une leçon et qui oublie tout ce qu'il y a appris du golf jusqu'à la leçon suivante, va rester au même point semaine après semaine.

DÉNICHER LE BON INSTRUCTEUR

Comme on l'a expliqué précédemment (voir page 42), prendre le bottin et téléphoner au premier venu qui offre des leçons de golf ne suffit pas. Idéalement, le jeune devrait s'efforcer de trouver un instructeur avec lequel il pourra établir une relation de travail. Avant de s'engager dans une série de cours, il devrait rencontrer l'instructeur et discuter avec lui de ses lacunes de jeu. La plupart des professionnels du golf se font un plaisir d'accorder quelques minutes pour répondre à des questions. La chose la plus importante que les joueurs doivent vérifier à cette étape est le niveau d'intérêt de l'instructeur. Les meilleurs pros sont ceux qui manifestent de l'enthousiasme pour l'enseignement et la transmission de leurs connaissances à des élèves intéressés.

LES ATTENTES DE L'INSTRUCTEUR

La première chose qu'un pro du golf souhaite de ses élèves est la volonté d'apprendre. Les leçons de golf étant coûteuses, les joueurs doivent se montrer désireux d'apprendre les techniques du jeu. Si tel est le cas, l'instructeur va faire de son mieux pour les aider dans leur apprentissage. En revanche, si les joueurs ne font qu'assister aux cours et ne semblent pas très intéressés, l'instructeur risque d'adopter une attitude semblable. Seuls les élèves vraiment désireux d'apprendre recevront un enseignement profitable.

CONSEILS PRATIQUES

PRÉSENTEZ-VOUS TÔT AUX LEÇONS POUR VOUS ÉCHAUFFER AU PRÉALABLE

Très souvent, l'élève gaspille cinq à dix minutes d'une leçon à frapper des balles pour s'échauffer. C'est une perte de temps qui lui coûte cher. Si vous voulez éviter cette situation, présentez-vous au club de golf ou au terrain d'exercice au moins 15 minutes avant le début du cours pour frapper quelques balles et faire des exercices d'assouplissement. Ainsi, vous serez déjà échauffé quand le cours commencera.

EXÉCUTEZ VOTRE SWING HABITUEL DEVANT L'INSTRUCTEUR

Quand un instructeur demande à un élève de frapper quelques balles, il est préférable que ce dernier exécute son swing habituell. Très souvent, les élèves essayent d'impressionner leur instructeur en effectuant un swing inhabituel qui ne révèle pas les erreurs de leur swing habituel. Il faut expliquer aux jeunes que la crainte d'exécuter leur swing habituel devant l'instructeur est comparable à l'attitude d'un malade qui prend rendez-vous avec un médecin, mais qui lui raconte que tout va bien quand il le rencontre. Pour pouvoir aider l'élève à développer son savoir-faire, l'instructeur doit être en mesure de vérifier son swing, avec toutes ses imperfections. Ce serait une perte de temps et d'argent pour l'élève si l'instructeur ne le faisait pas.

Plusieurs instructeurs utilisent une caméra vidéo pendant les cours. Cet appareil filme les swings de leurs élèves selon des angles différents en vue d'une analyse préliminaire. Certains enseignants croient cependant qu'ils ont l'œil pour détecter des erreurs dans l'exécution du swing et peuvent se passer d'une telle technologie, mais il faut savoir qu'une caméra vidéo à haute vitesse capable d'enregistrer 8000 images par seconde est indubitablement plus précise que les meilleurs des yeux.

Utilisée correctement, la caméra vidéo profite autant à l'élève qu'à l'instructeur. Il est intéressant pour l'élève de se voir exécuter un swing sur vidéo, car plus souvent qu'autrement, la séquence ne ressemble aucunement à ce qu'il avait imaginé. Pour l'instructeur, la vidéo parvient souvent à mettre en évidence certaines erreurs d'exécution qui ne peuvent être détectées qu'au ralenti.

Autre avantage de la vidéo, le professionnel et l'élève peuvent s'asseoir et discuter de tous les aspects du swing, image par image au besoin, et s'attarder à des éléments particuliers. La plupart des joueurs, lorsqu'ils se voient pour la première fois en train d'exécuter un swing, trouvent cependant l'expérience déroutante. Ils ont inévitablement tendance à ne voir que leurs erreurs, mais un instructeur compétent peut mettre en évidence leurs points forts.

LA VIDÉO

ÉVITER LA SUR-UTILISATION DE LA VIDÉO

Bien que l'avènement de la vidéo ait contribué à améliorer la qualité de l'enseignement depuis une quinzaine d'années environ, les jeunes élèves doivent savoir que cette technologie présente un inconvénient : on peut en devenir trop dépendant.

Cette dépendance devient évidente quand l'instructeur porte davantage attention à la performance d'un joueur sur vidéo qu'à l'efficacité de son swing sur le parcours.

Les enseignants compétents vont normalement utiliser la vidéo pour effectuer une analyse préliminaire du swing de leurs élèves, mais ils n'auront recours à ce moyen qu'à l'occasion, l'utilisant, par exemple, pour mettre en évidence une modification ou une amélioration, ou pour mettre l'accent sur un aspect clé.

Comme il est très difficile à un joueur de bien observer l'exécution de son swing, une seconde paire d'yeux peut être d'une utilité précieuse pour déceler les imperfections techniques.

Colin Montgomerie, le meilleur golfeur européen de la fin des années 90, affirme que s'il était caddie pour un golfeur amateur, il pourrait sensiblement contribuer à améliorer son score sans lui suggérer de modification dans l'exécution de son swing. C'est une affirmation audacieuse, fondée sur l'argument que la différence fondamentale entre un bon pro et un amateur réside dans la gestion de parcours, c'est-à-dire la manière dont chacun prévoit chaque coup pendant une partie et, par sa capacité d'analyse, peut éviter les mauvaises surprises. Montgomerie croit fermement qu'en indiquant à un amateur quel club utiliser, en examinant le green à sa place et en lui conseillant une stratégie de jeu, il pourrait parvenir à réduire son score total d'au moins 4 points.

Bien sûr, aucun jeune n'aura la chance d'avoir Colin pour caddie. Il y a toutefois moyen de suivre quelques leçons pratiques sous la supervison d'un instructeur qualifié. Celles-ci coûtent un peu plus cher que les leçons habituelles d'une demi-heure, car elles durent plus longtemps, mais elles constituent pour un jeune golfeur une manière intéressante de passer environ deux heures avec un professionnel du golf.

Tout d'abord, une leçon pratique donne au professionnel un aperçu global du jeu de son élève, ce qu'il est impossible de faire sur un terrain d'exercice. En second lieu, elle fournit à l'élève l'occasion d'observer le style de jeu d'un bon golfeur, en particulier sa stratégie sur le parcours.

LES AVANTAGES DES LEÇONS PRATIQUES

CONSEIL PRATIQUE

DEMANDEZ À UN PRO DE VOUS DONNER UNE COURTE LEÇON PRATIQUE

Le joueur qui éprouve des difficultés avec le jeu court gagnera à demander à un pro de lui donner une courte leçon pratique. Plusieurs joueurs hésitent à demander conseil pour améliorer leur chipping et leur putting. Pourtant, ce sont des aspects aussi importants que le jeu long. De plus, l'apprentissage des bases du chipping, du pitching, du jeu dans les bunkers et du putting s'effectue plus rapidement que celui de toutes les étapes du swing. Et c'est un agréable changement de routine pour un instructeur qui consacre 99 % de son temps à enseigner la technique du swing.

L'ENTRAÎNEMENT IDÉAL

Contrairement à ce que pensent la plupart des gens, il ne suffit pas de forger pour devenir forgeron, mais il faut forger à la perfection. Un joueur qui frappe 200 balles avec force sur un terrain d'exercice risque de se faire plus de tort que de bien. Frapper des balles est-il un bon exercice ? Peut-être. Est-ce un bon entraînement ? Absolument pas. Il est préférable de frapper seulement une vingtaine de coups en se concentrant sur chacun que d'en frapper une centaine sans trop savoir ce que l'on fait.

Quand un jeune golfeur quitte le terrain d'exercice à la fin d'une leçon, il se retrouve seul. Et sans la présence rassurante d'un instructeur pour le garder dans le droit chemin, il lui est facile de développer des mauvaises habitudes de jeu. Tous les joueurs doivent apprendre à structurer leur entraînement, de façon à ce qu'il soit efficace et progressif. La routine suivante aidera les jeunes à profiter du maximum de chaque leçon à l'entraînement.

LE SWING D'EXERCICE
SUR LE TERRAIN D'EXERCICE SEULEMENT

Chaque golfeur commet tôt ou tard l'erreur fondamentale d'effectuer des swings d'exercice sur le parcours. Incorporer un nouveau mouvement dans l'exécution du swing est peut-être une bonne idée sur un terrain d'exercice, mais ce n'est pas la place sur le parcours, où les joueurs doivent se contenter de frapper de vrais coups.

MÉNAGEZ VOS BALLES

Il est très facile de frapper des balles à répétition, mais on a tôt fait de se rendre compte que l'énorme panier de balles est vide après 20 minutes d'entraînement. Achetez moins de balles et ménagez-les. Mandy Sutton, professionnelle du Circuit féminin européen, prend au moins 45 minutes pour frapper 45 balles. Elle est convaincue qu'une telle façon de procéder favorise un maximum de concentration à chaque coup.

ÉTAPE 1 – TRAVAILLER LA TECHNIQUE

D'abord, le golfeur prendra l'habitude de se ménager une « aire d'exercice » au début de chaque session. Il crée cette aire en posant au sol une paire de clubs qui serviront à vérifier son alignement et la position de la balle, ce qui lui permettra de frapper chaque coup en adoptant la posture correcte à l'adresse.

En second lieu, et même s'il désire se perfectionner dans plusieurs aspects de l'exécution du swing, le joueur doit acquérir la discipline de ne faire qu'une chose à la fois. Il devrait commencer sans frapper la balle, en exécutant simplement un swing d'exercice pour concentrer son attention sur la sensation particulière qu'il cherche à obtenir dans l'exécution de son swing. Quand il a obtenu cette sensation, il doit la reproduire en frappant. S'il perd cette sensation, il devrait répéter des swings d'exercice jusqu'à ce qu'elle revienne. Il peut frapper de 10 à 15 balles dans cette perspective avant de passer à la deuxième étape.

ÉTAPE 2 – PEAUFINER SA ROUTINE PRÉLIMINAIRE

À l'étape suivante, il faut porter attention à la routine préliminaire du jeu. Plus le golfeur répétera cette routine, plus elle s'incrustera et plus il lui sera facile d'exploiter ses automatismes sur le parcours. La routine préliminaire aide le joueur à acquérir plus de constance.

Cette routine préliminaire doit être répétée comme en situation réelle. Le joueur doit se tenir devant la balle et visualiser le coup, puis adopter une posture correcte à l'adresse en développant l'amorce du swing. Gary Player aime serrer un peu les poignets vers l'avant avant d'effectuer son backswing, tandis que Jack Nicklaus incline la tête légèrement vers la droite une fraction de seconde avant d'exécuter son swing. Chacun de gestes de la routine suit un ordre précis à chaque fois. À ce stade, le joueur ne devrait pas se soucier trop de son swing, sur lequel il s'était d'ailleurs concentré à l'étape 1.

TENIR COMPTE DES POINTS FAIBLES

Il est dans la nature humaine de cultiver ses points forts, mais si un joueur porte peu ou pas attention aux aspects plus faibles de son jeu, il aura de la difficulté à améliorer ses performances à long terme.

Il faut encourager les jeunes golfeurs à identifier leurs points faibles. Ils devront consacrer du temps à corriger ces lacunes jusqu'à ce qu'ils commencent à prendre plaisir à jouer les coups qui les embêtaient. Cela ne veut pas dire qu'ils doivent renoncer à répéter leurs coups favoris à l'entraînement, mais plutôt qu'ils devront donner la priorité aux coups qui leur donnent du fil à retordre. Bientôt, ils seront en mesure de frapper des coups qu'ils aurait évités auparavant.

CONSEIL PRATIQUE

JOUEZ UNE PARTIE SUR LE TERRAIN D'EXERCICE

En 1996, Nick Faldo remporta la Coupe Masters, mais il n'avait pas joué au meilleur de ses capacités au début du tournoi. Plutôt que de continuer à frapper des coups médiocres, qui auraient davantage diminué sa confiance en soi, il s'efforça de perfectionner son swing sur le terrain d'exercice et modifia sa routine préliminaire. Il décida alors de jouer une partie simulée sur le terrain d'exercice, plutôt que de perfectionner son swing. Au « premier trou », il frappa un coup de départ, puis selon son estimation personnelle de l'endroit où la balle aurait atterri, il frappa le coup suivant. Il cessa ainsi de penser à son swing pour se concentrer davantage à frapper des coups. Les jeunes golfeurs peuvent adopter une approche semblable pour mettre un peu de variété dans leur entraînement sur le terrain d'exercice.

S'ENTRAÎNER AILLEURS

S'entraîner à la maison peut être une aventure risquée. Mais ne vous inquiétez pas, il ne s'agit pas de viser la brèche minuscule dans la porte du jardin pour améliorer sa précision. Nous allons aborder dans cette section les trucs et astuces que les jeunes golfeurs peuvent utiliser pour améliorer leurs performances à l'extérieur du parcours, sans pour autant menacer la résidence familiale.

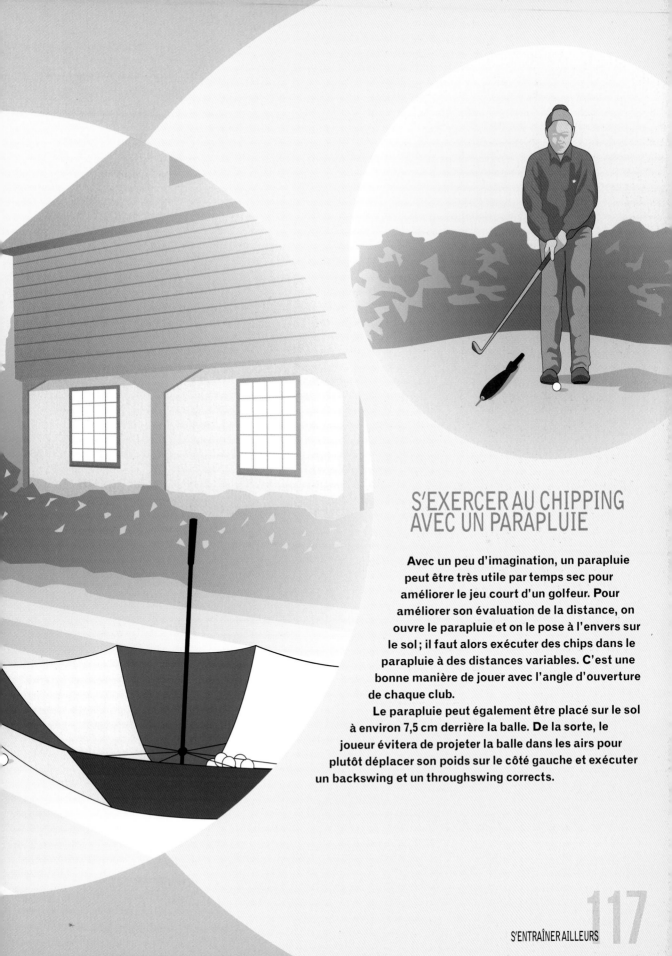

S'EXERCER AU CHIPPING AVEC UN PARAPLUIE

Avec un peu d'imagination, un parapluie peut être très utile par temps sec pour améliorer le jeu court d'un golfeur. **Pour améliorer son évaluation de la distance, on ouvre le parapluie et on le pose à l'envers sur le sol ; il faut alors exécuter des chips dans le parapluie à des distances variables. C'est une** bonne manière de jouer avec l'angle d'ouverture de chaque club.

Le parapluie peut également être placé sur le sol à environ 7,5 cm derrière la balle. De la sorte, le joueur évitera de projeter la balle dans les airs pour plutôt déplacer son poids sur le côté gauche et exécuter un backswing et un throughswing corrects.

PERFECTIONNER LES TECHNIQUES DE BASE CHEZ SOI

Les modifications les plus difficiles à effectuer dans l'exécution du swing sont celles qui se rapportent aux techniques de base du grip, du stance, de l'alignement et de la posture. Comme les joueurs ne changent pas volontiers leurs habitudes, les mauvais plis, aussi confortables et incrustés soient-ils, sont difficiles à corriger. Les joueurs qui modifient leur grip se sentiront sans doute maladroits au début ; ils doivent toutefois s'attendre à frapper quelques coups médiocres jusqu'à ce que la nouvelle prise devienne naturelle et confortable. C'est la raison pour laquelle il est recommandé de passer le plus de temps possible chez soi à peaufiner les techniques de base. Par exemple, si un instructeur conseille au jeune golfeur de changer sa prise, rien n'empêche ce dernier de s'exercer au nouveau grip en regardant la télévision durant la soirée. Pareillement, les joueurs peuvent facilement vérifier leur posture et leur stance devant un grand miroir, et ils peuvent vérifier l'allure de leur swing dans une pièce où il n'y a pas de mobilier, comme un corridor.

AJUSTER SES COUPS SELON LA LONGUEUR DU PUTT

Lorsqu'il faut trois coups pour réussir un long putt, c'est généralement à cause d'une mauvaise évaluation de la vitesse. Voici un bon exercice pour améliorer le contact et estimer la bonne distance. Placez plusieurs balles à des distances variables du trou. Frappez d'abord la balle la plus proche du trou ou la plus éloignée, et essayez de réussir chaque putt. C'est un bon exercice pour apprendre à ajuster ses coups en fonction de la longueur du putt.

AUTOUR DU CADRAN

Pour exercer vos petits putts, placez plusieurs balles autour du trou. Alignez-les soigneusement et tentez de les faire pénétrer dans le trou une après l'autre. Cet exercice est très intéressant, car il est permet d'exécuter des putts à des angles variés ; c'est ainsi un exercice qui est tout le contraire d'être monotone.

PRENDRE DES NOTES POUR RELEVER LES POINTS FAIBLES

Plusieurs grands pros prennent des notes sur leurs performances. Les jeunes golfeurs devraient suivre leur exemple en se remémorant et en analysant les divers aspects de leur performance après chaque partie. Lorsqu'il joue, le jeune devrait noter le nombre de fairways atteints, de putts exécutés, de putts de trois coups, le nombre de fois qu'il a dû se pencher et se relever pour réussir à atteindre le par. Cette bonne habitude lui permettra de découvrir ses points faibles et ses points forts, mettant ainsi en évidence les éléments du jeu dans lesquels il doit s'améliorer.

PEAUFINER L'EXÉCUTION D'UN PUTT

Une bonne façon de vérifier la qualité de ses putts consiste à poser au sol deux clubs en parallèle et à laisser un espace entre chaque club de la largeur d'une tête de putt pour former un couloir vers le trou, Le joueur peut alors exécuter des putts d'exercice en s'assurant que la tête du putter ne s'écartera pas du couloir formé par les deux clubs et en frappant avec souplesse de manière habituelle. Cet exercice donne des résultats souvent forts impressionnants.

TÊTE CONTRE LE MUR
POUR UN PUTT FERME

Bouger la tête en effectuant un putt ou regarder trop rapidement vers le point où la balle se dirige sont deux des erreurs les plus courantes en putting. Elles peuvent avoir des conséquences fâcheuses, faisant notamment dévier la trajectoire désirée. Une bonne façon de s'entraîner à garder la tête droite consiste à effectuer des putts sur le bord d'un mur à la maison en appuyant légèrement sa tête contre le mur. La tête restera immobile pendant l'exécution du putt.

TESTEZ VOS CONNAISSANCES

Ce test, organisé comme un tournoi de golf en quatre tours, a été conçu pour tout jeune golfeur désirant mesurer ses connaissances avec ses amis et les membres de sa famille.

Chaque question comporte quatre réponses possibles. Le joueur choisit celle qu'il considère comme la bonne. Comme au golf, il doit avoir certaines aptitudes et se montrer patient, et il peut avoir un peu de chance, pour afficher un score enviable. Les réponses se trouvent quelque part dans le manuel.

Finalement, comme dans un tournoi de golf, le joueur qui ne parvient pas à jouer suffisamment bien aux deux premiers tours sera éliminé et ne pourra jouer aux deux derniers tours. Si donc vous voulez vous qualifier, vous devrez réviser vos leçons et tout ce que vous avez appris jusqu'à maintenant. Bonne chance, bonne révision et bon golf.

PREMIER TOUR : TECHNIQUES DE BASE

1. **Quel est le grip le plus souvent utilisé ?**
   a) Le grip entrecroisé
   b) Le grip juxtaposé
   c) Le grip superposé (grip Vardon)
   d) Une variante du grip entrecroisé

2. **Quel degré de flexion des genoux le joueur doit-il maintenir à l'adresse ?**
   a) Aucune flexion
   b) Juste assez pour qu'il maintienne sa taille
   c) Suffisamment pour que ses fesses ressortent
   d) Suffisamment pour que ses cuisses soient tendues

3. **Pour effectuer un coup en ligne droite, vers où les pieds et le corps du golfeur doivent-ils être alignés ?**
   a) Directement face à l'objectif
   b) Légèrement à droite de l'objectif
   c) Parallèlement à gauche de l'objectif
   d) Légèrement à gauche de l'objectif

4. **Quelle doit être la largeur du stance du joueur lorsqu'il swingue avec le driver ?**
   a) Une largeur correspondant à celle des épaules pour une bonne stabilité
   b) Très étroite pour accroître la puissance de frappe
   c) La plus large possible
   d) Les pieds joints

5. **Quelles sont les conséquences les plus probables d'un grip relâché ?**
   a) Un coup en ligne droite
   b) Un hook vers la gauche
   c) Un coup dont la trajectoire est très élevée
   d) Un slice vers la droite

6. **À l'adresse, de quelle manière le joueur doit-il former l'angle entre le sol et sa colonne vertébrale ?**
   a) En penchant les hanches vers l'avant
   b) En penchant la taille vers l'avant
   c) En penchant le torse vers l'avant
   d) En gardant la colonne vertébrale bien droite

7. **De quelle façon un joueur peut-il faciliter le fléchissement et une prise maximale des poignets sur le grip ?**
   a) En enroulant les doigts autour du grip
   b) En tenant le grip dans le creux des mains
   c) En tenant le club fermement
   d) En utilisant des clubs lourds

8. **À quel endroit dans le stance la balle doit-elle être frappée quand on utilise un wedge ?**
   a) Vis-à-vis du pied droit
   b) Vis-à-vis du talon gauche
   c) Vers le milieu du stance
   d) À l'arrière du milieu du stance

INSCRIVEZ ICI VOTRE SCORE POUR LE PREMIER TOUR :

VOTRE SCORE APRÈS UN TOUR EST :

8/8 Vous êtes le meilleur du clubhouse. Fantastique !

6–7 Votre score est de deux coups au-dessous du par. Vous êtes en bonne forme.

4–5 Votre score est égal au par, mais vous perdez déjà pied.

0–3 Votre score n'est que de deux coups au-dessus du par. Vous courez le danger d'être disqualifié.

DEUXIÈME TOUR : RÈGLES ET ÉTIQUETTE

1. Combien de clubs un joueur peut-il transporter au maximum dans son sac, tel que stipulé par les Règles du golf ?
   a) 12
   b) 14
   c) 10
   d) 20

2. Que doit faire un joueur qui constate que sa balle a atterri dans une zone hors-limite ?
   a) Frapper son coup de nouveau du même endroit après avoir ajouté une pénalité d'un coup à son score
   b) Droper la balle sans encourir de pénalité proche de l'endroit où elle s'est égarée
   c) Droper la balle à deux longueurs de club de l'endroit où elle s'est égarée
   d) Rejouer le coup sans pénalité

3. Où le joueur devrait-il poser son sac lorsqu'il exécute un putt ?
   a) Aux extrémités du green
   b) À l'extérieur du green, à proximité du prochain tertre de départ
   c) Devant le green
   d) Sur le fairway devant le green

4. Que doit faire un joueur dès son arrivée sur le green ?
   a) Réparer l'empreinte laissée par sa balle et marquer celle-ci
   b) Évaluer tout d'abord la distance de son putt
   c) Retirer le drapeau du trou
   d) Nettoyer les crampons de ses chaussures

5. Que signifie pour un joueur avoir « l'honneur » de jouer ?
   a) Il est le meilleur joueur dans son groupe
   b) Il est en train de gagner la partie
   c) Il a le privilège de jouer en premier
   d) Il peut choisir la formule de jeu

6. Qu'est-ce qu'il est interdit à un joueur de faire lorsqu'il se retrouve dans un bunker ?
   a) Enlever ses chaussures de golf
   b) Utiliser son putter
   c) S'assurer que la tête du club entre en contact avec le sable à l'adresse
   d) Traîner ses pieds dans le sable

7. De combien de temps dispose le joueur pour retrouver une balle perdue ?
   a) 15 minutes
   b) 10 minutes
   c) 1 minute
   d) 5 minutes

8. Qu'est-ce qu'un joueur doit faire à la fin de la partie ?
   a) Serrer la main de ses partenaires
   b) Rester sur le green et remplir sa carte de pointage
   c) Aller directement au terrain d'exercice
   d) Compter ses clubs

TROISIÈME TOUR : DIVERS

1. Il est parfois possible de frapper une balle à partir d'un rough à une distance plus longue que d'habitude, parce que…
   a) L'herbe longue donne à la balle une trajectoire plus élevée
   b) Des brins d'herbe restent emprisonnés entre la balle et la face du club, annulant ainsi le backspin
   c) L'humidité du gazon annule le backspin
   d) La balle parcourt une plus grande distance lorsqu'elle a atterri

2. Pour swinguer correctement avec un driver, la face du club doit faire contact avec la balle…
   a) Directement au point le plus bas du swing
   b) Légèrement au backswing
   c) Légèrement au downswing
   d) Aucune de ces réponses

3. Quel est l'élément donnant à la balle un effet de rotation ?
   a) La puissance de frappe du coup
   b) L'état du green
   c) Des clubs et des empreintes de face de club propres
   d) Toutes ces réponses

4. Qu'est-ce qu'un joueur doit faire pour frapper en pente ?
   a) Maintenir ses épaules perpendiculaires à la pente
   b) Modifier l'allure de son swing
   c) Utiliser un club plus lofté
   d) Transférer son poids sur ses orteils

5. Quel est le but d'une routine préliminaire ?
   a) Gagner du temps sur le parcours
   b) Obtenir un jeu plus constant sur le parcours
   c) S'assurer de ne rien perdre sur le parcours
   d) Permettre à la balle de parcourir de plus grandes distances

6. Si la balle se trouve plus haute que les pieds du joueur, quelle sera sa trajectoire de vol ?
   a) Vers la gauche
   b) Vers la droite
   c) Très élevée
   d) Très basse

7. Quel championnat majeur a lieu chaque année en avril au célèbre parcours de golf Augusta National ?
   a) Le British Open
   b) L'US Open
   c) Le Championnat de l'USPGA
   d) La Coupe Masters

8. Quelle est la raison pour laquelle un grand nombre de clubs de golf obligent leurs joueurs à porter des chaussures à crampons non métalliques ?
   a) Parce qu'elles coûtent moins cher
   b) Parce qu'elles n'endommagent pas la surface des greens
   c) Parce que ce type de crampons adhère mieux au sol
   d) Parce qu'elles sont plus confortables

INSCRIVEZ ICI VOTRE SCORE POUR LE DEUXIÈME TOUR :

INSCRIVEZ ICI VOTRE SCORE POUR LE DEUXIÈME TOUR :

VOTRE SCORE APRÈS UN TOUR EST :

16/16 Vous menez au cumulatif. Excellent !

12-15 Votre score est de trois coups au-dessous du par. Vous êtes encore dans la compétition.

8-11 Votre score est égal au par. Vous avez du rattrapage à faire.

0-7 Vous avez obtenu un score de quatre coups au-dessus du par et vous ne pouvez vous qualifier pour le prochain tour. Meilleure chance la prochaine fois ! Continuez de vous entraîner.

VOTRE SCORE APRÈS UN TOUR EST :

24/24 Vous menez encore avec un score de six coups au-dessous du par. Vous êtes en très grande forme.

19-23 Votre score est de quatre au-dessous du par et vous êtes suffisamment en forme pour revenir à la charge lors du prochain tour.

13-18 Votre score est d'un au-dessus du par et vous avez ardemment besoin de revenir en force au prochain tour.

8-12 Vous éprouvez de sérieuses difficultés avec votre connaissance du jeu et avez vraiment besoin de jouer un quatrième tour très fort pour que votre nom apparaisse au tableau d'honneur.

TOUR FINAL : LE JEU LONG ET LE PUTTING

1. **Le meilleur endroit pour évaluer la distance et la courbe de trajectoire d'un long putt est...**
   a) À mi-chemin entre la balle et le trou sur le côté descendant
   b) À mi-chemin entre la balle et le trou sur le côté ascendant
   c) Derrière la balle
   d) Derrière le trou

2. **Pour déloger une balle enfoncée, un joueur doit...**
   a) Ouvrir son stance et ouvrir la face de son club
   b) Fermer son stance et ouvrir la face de son club
   c) Fermer son stance et fermer la face de son club
   d) Maintenir son stance et la face de son club perpendiculairement

3. **Quelle doit être la stratégie d'un joueur qui s'apprête à effectuer un chip ?**
   a) Envoyer la balle le plus haut possible dans les airs.
   b) Envoyer la balle le plus bas possible au ras du sol
   c) Utiliser son club préféré chaque fois
   d) Utiliser un club lofté chaque fois

4. **À quelle distance un joueur doit-il frapper le sable derrière la balle lorsqu'il effectue un coup explosé dans un bunker ?**
   a) 7,5-10 cm
   b) 12,5-15 cm
   c) 2,5-5 cm
   d) Il ne doit pas frapper le sable

5. **Idéalement, quelle doit être la position des yeux du joueur lorsqu'il exécute un putt ?**
   a) Directement au-dessus de la trajectoire du putt
   b) À l'intérieur de la trajectoire du putt
   c) À l'extérieur de la trajectoire du putt
   d) Cela n'a pas grande importance

6. **Que signifie l'expression « lire un green » ?**
   a) Étudier les particularités du green sur le plan du parcours
   b) Chercher le trou
   c) Évaluer la vitesse et les dénivellations du green
   d) Répéter son putting avant d'effectuer un putt

7. **Quelle formule de jeu permet au joueur d'accorder un putt à son adversaire ?**
   a) Le stroke-play
   b) Le match-play
   c) Le Stableford
   d) Le Texas Scramble

8. **Quelle partie du sand wedge entre en contact avec la balle lorsqu'on effectue un coup explosé ?**
   a) L'extrémité saillante
   b) La semelle du club
   c) Les empreintes de la face du club
   d) Aucune partie du club n'entre en contact avec la balle

INSCRIVEZ ICI VOTRE SCORE POUR LE DEUXIÈME TOUR :

LE TABLEAU D'HONNEUR DU DERNIER TOUR

32/32 Êtes-vous certain que vous n'êtes pas Tiger Woods ? Félicitations, vous avez mené du début à la fin comme un vrai champion !

25–31 Très bien joué !
Vous avez obtenu un score de six coups au-dessous du par et auriez gagné en exécutant quelques putts de moins.

20–24 Bon travail.
Vous avez un score de deux coups au-dessus du par. Vous avez beaucoup de potentiel, mais vous avez obtenu trop de bogeys cette fois-ci, ce qui a grandement affecté votre performance.

14–19 Pas mal, mais avec un score égal au par, vous ne vous classez qu'au beau milieu du troupeau. Allez tout de suite au terrain d'exercice et entraînez-vous, entraînez-vous !

8–13 Vous avez survécu de justesse durant les deux derniers tours ; malgré tout, vous avez besoin d'améliorer considérablement votre performance si vous désirez gagner un jour. Malheureusement, il faudra vous qualifier de nouveau.

RÉPONSES :
Première partie : 1=c ; 2=b ; 3=c ; 4=a ; 5=d ; 6=a ; 7=a ; 8=c
Deuxième partie : 1=b ; 2=a ; 3=b ; 4=c ; 5=a ; 6=c ; 7=d ; 8=a
Troisième partie : 1=b ; 2=b ; 3=d ; 4=a ; 5=b ; 6=a ; 7=c ; 8=b
Dernière partie : 1=a ; 2=b ; 3=b ; 4=c ; 5=a ; 6=c ; 7=c ; 8=d

GLOSSAIRE

Note de l'éditeur de la version française : la plupart des termes techniques utilisés dans ce manuel sont d'usage courant en français européen. On trouvera dans le glossaire ci-dessous, entre parenthèses, les équivalents français en usage au Québec ou recommandés par l'Office québécois de la langue française. S'il y a lieu, on trouvera également indiqué, entre parenthèses, le terme original anglais.

Adresse (position initiale) – Position de départ du swing incluant l'alignement du corps et la position des pieds et de la balle.

Albatros – Trou réussi en trois coups au-dessous du par.

Alignement – Direction du corps à l'adresse.

Angle de lie (angle au sol) – Angle mesuré entre le sol et la tige.

Backspin (effet rétro) – Effet de rotation causé par l'angle d'ouverture (loft) de la face d'un club.

Balle longue – Balle frappée sans effet parcourant une longue distance (plus loin que la distance normale).

Birdie (oiselet) – Score d'un coup au-dessous du par.

Bogey (boguey) – Score d'un coup au-dessus du par.

Bond (bounce kick) – Bond effectué par la balle à son atterrissage.

Bunker (fosse de sable) – Dépression dans le sol, recouverte de sable.

Caddie (cadet ou cadette) – Personne qui porte le sac du golfeur sur le parcours.

Cavité arrière – Cavité pratiquée à l'arrière d'un fer afin d'abaisser le poids de la tête (et de le redistribuer autour des extrémités).

Chip (coup d'approche retenu) – Petit coup sec effectué à proximité du green vers le trou.

Club – Bâton de golf.

Col (douille) – Extension de la tête d'un club se rattachant à la tige.

Coup d'approche – Coup visant à atteindre le green.

Coup de départ – Premier coup effectué depuis le tertre de départ de chaque trou.

Coup de reprise – Reprise d'un coup que les golfeurs s'accordent, souvent au premier trou (accordé également quand le coup était médiocre).

Coup punché – Coup souvent utilisé lorsqu'on doit jouer avec un vent de face, dont la trajectoire est plus basse que la normale.

Coup retenu (frappe tardive) – Phase du downswing dans laquelle les poignets se détendent graduellement.

Courbe de trajectoire (break) – Courbe qui se dessine lorsque, par exemple, la balle dévie sur la trajectoire d'un putt.

Décalage (bois à décalage correcteur, bois compensé) – Club dont la tête est placée derrière la tige, conçue pour les joueurs ayant un handicap élevé.

Distance de frappe – Parcours de la balle entre l'impact et l'emplacement où elle atterrit.

Draw (léger crochet intérieur) – Coup maîtrisé par lequel la balle s'incurve légèrement de droite à gauche durant son vol.

Driver (bois n° 1) – Le club le plus long (et le plus puissant), dont le loft est le plus bas de tous les clubs.

Eagle (aigle) – Score de deux coups au-dessous du par.

Empreinte – Marque ou empreinte causée par la balle à son atterrissage sur le green après un coup d'approche.

Empreintes – Rainures étroites sur la tête du club dont la fonction est de donner un effet de rotation (backspin) à la balle.

Étiquette – Règles de courtoisie non écrites.

Fade (léger crochet extérieur) – Coup frappé par lequel la balle s'incurve de gauche à droite en vol.

Fairway (allée) – Allée de gazon soigneusement entretenu sur le parcours.

Fers – Clubs à tête métallique, numérotés de 1 à S (sand wedge), utilisés pour effectuer des coups de départ sur le fairway et autour du green.

Followthrough (dégagé) – Dernière et troisième partie du swing.

Fore ! (Attention !) – Cri destiné à prévenir les autres joueurs sur le parcours.

Foursome (quatuor) – Match disputé entre deux équipes de deux joueurs, dans lequel chaque joueur frappe la même balle à tour de rôle.

Green (vert) – Surface de putting entourant le trou.

Grip (prise, poignée) – Manière de poser les mains sur un club. Désigne également la partie supérieure de la tige d'un club recouverte de cuir ou de caoutchouc.

Grip entrecroisé – Variante du grip dans lequel l'index gauche et l'auriculaire droit s'entrecroisent.

Grip juxtaposé – Type de grip où les 10 doigts de la main sont posés sur le club (comme au base-ball).

Grip Vardon – Appelé également grip superposé, c'est le grip le plus courant.

Handicap – Système de classement permettant à des joueurs de calibres différents de disputer des parties.

Hickory – Type de bois utilisé autrefois pour fabriquer des tiges de club.

Honneur (honour) – Privilège de jouer en premier sur un trou.

Hook (crochet intérieur) – Coup non maîtrisé dont la trajectoire dévie vers la gauche après l'impact.

Hors-limite – Zone à l'extérieur du parcours, délimitée par des piquets blancs.

Lame – Modèle de tête de club.

Lie (position de balle) – Endroit où repose la balle sur le sol.

Ligne de visée (ligne de jeu) – Ligne formée entre la balle et l'objectif visé.

Loft (angle d'ouverture, angle de face) – Angle formé par la tige et la face du club.

Match-play – Formule de jeu dans laquelle on joue pour le nombre de trous.

Meilleure balle (better ball, quatre balles) – Partie disputée entre deux équipes de deux joueurs, dans lequel chaque joueur frappe sa propre balle.

Mouvement préliminaire (waggle) – Mouvement dans lequel le golfeur simule le mouvement qu'il veut faire parcourir à la tête du club avant d'exécuter un coup, entièrement exécuté par les mains et les poignets.

Par (normale) – Nombre de coups qu'un joueur expert doit effectuer pour compléter un trou et le parcours entier de 18 trous.

Pitch – Coup lofté, joué généralement de 27 m à 64 m du green.

Point de percussion – Point central au milieu de la face du club sur lequel on applique une puissance de frappe maximale à la balle lors de l'impact.

Position parallèle (stance square) – Position où les pieds, les hanches et les épaules sont situés en parallèle de la ligne de jeu.

Posture – Angle formé entre le torse et le bas du corps à l'adresse.

Premier neuf (aller) – Les neuf premiers trous sur un terrain de 18 trous.

Putt (coup roulé) – Coup de portée relativement courte joué sur le green.

Putter – Club ayant très peu de loft.

Retour – Les neuf trous du retour (sur un parcours de 18 trous).

Rough – Zone du parcours où l'herbe est longue et plus ou moins entretenue.

Sand wedge (cocheur de sable) – Club dont la semelle est particulièrement large.

Score brut – Score total sans tenir compte du handicap.

Score net – Score obtenu après avoir déduit le handicap du score brut.

Semelle – Partie de la face du club reposant sur le sol à l'adresse.

Stance ouvert – Posture à l'adresse dans laquelle les pieds et/ou les épaules s'alignent vers la gauche de l'objectif.

Stroke-play (medal play) – Formule de jeu dans laquelle le joueur qui effectue le moins de coups gagne la partie.

Tablier (frise, lisière) – Espace gazonné entourant le green.

Takeaway (amorce) – Mouvement effectué durant le backswing.

Tee – Support en bois ou en plastique sur lequel on place la balle.

Throughswing (impact) – Phase du swing où le club frappe la balle.

Tige – Partie du club qui rattache le grip à la tête du club.

Trou – Superficie de terrain sur le parcours menant du tertre de départ au green.

Yip – Peur ou nervosité entraînant un mouvement brusque et incontrôlé (des mains et des bras).

INDEX

REMERCIEMENTS

Illustrations de la page couverture: OCTOPUS PUBLISHING GROUP/Mark Newcombe

Toutes les photos : OCTOPUS PUBLISHING GROUP/Mark Newcombe sauf:
GOLF MONTHLY/Mark Newcombe 62 Ci-dessous à gauche, 62 Ci-dessous à droite, 63 Ci-dessus à gauche, 63 Ci-dessus centre à gauche, 63 Ci-dessus centre à droite, 63 Ci-dessous à gauche, 63 Ci-dessous centre à gauche, 63 Ci-dessous centre à droite, 63 Ci-dessous à droite, 57 Ci-dessous à gauche.
VISIONS IN GOLF/Mark Newcombe 6, 12, 13, 16 à gauche, 16 à droite, 16 Ci-dessus à droite, 16 Ci-dessous 18 Ci-dessus à gauche, 18 Ci-dessous, 19 Ci-dessus à gauche, 19 Ci-dessous à droite, 21.